Jano Felice Pajarola

Leo Jeker: MACHEN!

Lebensbuch eines Tourismusbüazers

Somedia Buchverlag Ennenda/Chur 2024
Edition Somedia
www.somedia-buchverlag.ch
info.buchverlag@somedia.ch

Satz und Gestaltung: Somedia Production AG, Ennenda
Herstellung: Somedia Production AG/Chur

graubünden BOOKS

ISBN: 978-3-907095-91-1

Inhaltsverzeichnis

Anhang

Hommage und Dank

Dieses Lebensbuch soll ein Dank und eine Ehrung sein für alle, die mich in meinem Leben begleitet haben und noch immer begleiten. Namentlich und zuallererst widme ich es meiner allzu früh verstorbenen lieben Frau Isabella. Dann meiner Familie, meinen Eltern und Geschwistern, meinen Ausbildnern, insbesondere Tobias Kuoni, und allen anderen, die an meiner Seite standen: im Beruf und in den Firmen, für die ich tätig sein durfte, im Tourismus, im Einsatz für die Landwirtschaft, in der Wirtschaft allgemein, in Verbänden, in Politik und Sport und natürlich auch privat. Dank gebührt aber auch den vielen Medien aus nah und fern, mit denen ich während meiner Laufbahn zu tun haben durfte.

Ein Lebensbuch ist wie ein Gipfelbuch, mit Zweitausendern, Dreitausendern, Viertausendern, ja sogar Achttausendern, mit kleinen und grossen, aber verlässlichen Seilschaften. Voller freudiger Überraschungen, Erlebnisse und Erfolge und vielfältig wie unsere Bergwelt.

Grosser Dank gebührt Jano Felice Pajarola, Cazis, Redaktor bei der «Südostschweiz» und beim «Bündner Tagblatt», für das Konzipieren und Texten meines Lebensbuches. Ich danke aber auch dem Somedia Buchverlag für die Gestaltung, den Druck und den Vertrieb der Publikation. Des Weiteren danke ich dem Verfasser des Vorworts, Dario Morandi, und der Autorin respektive den Autoren der persönlichen Kommentare mit anerkennenden Worten und Erlebnisberichten: Damian Bumann, Heinz Dudli, Karl Frehsner, Danielle Giuliani, Sep Guetg-Blaas, Theo Haas, Helmut Lamprecht, Peter Lang, Peter Schröcksnadel, Gion Nutegn Stgier und Norbert Waser.

Tourismusbüazer Leo Jeker
Zizers, November 2024

Zum Geleit – eine persönliche Annäherung

von Jano Felice Pajarola

Ich kann noch heute auf den Tag genau sagen, wann ich Leo Jeker zum ersten Mal begegnet bin. Es war der 18. Oktober 1997, ein Samstag, in Riom fand die 35. Generalversammlung der Nandrò AG statt, und ich hatte die Aufgabe, für die «Südostschweiz» über den Anlass zu berichten. Ich war 24 Jahre alt, steckte nach ein paar Unisemestern mitten in der journalistischen Ausbildung, hatte erst eine Handvoll Artikel für die Tageszeitung geschrieben – und von diesen wenigen Texten hatte noch keiner mit einer Bergbahn zu tun gehabt. Will heissen: Ich war so gut wie ahnungslos, was diesen Wirtschaftszweig anging (und wohl nicht nur diesen).

Mag sein, dass ich an jenem Samstag in Riom das Gefühl hatte, als tendenziell linksgrün orientierter Jungschreiber mit unmissverständlich kritischem Unterton über diese Bergbahnunternehmung schreiben zu müssen. Und dann erst noch eine, die seit Jahren derart offensiv auf Kunstschnee setzte! Gleichzeitig gab es aber auch tatsächlich Grund zur Kritik – Verwaltungsratspräsident Tobias Kuoni musste an der Versammlung selber einräumen, die «kleine Nandrò AG» kämpfe ums Überleben. Das Unternehmen betreibe nach gravierenden Planungsfehlern in der Vergangenheit zu viele Beförderungsanlagen im Verhältnis zu den aktuellen Gästezahlen. Auf eine Dividende müsse verzichtet werden. Und Leo – für mich zu jener Zeit natürlich noch Herr Jeker – warb bereits damals für eine Erschliessung der Skiberge bei Radons als langfristiges Gesundungsmittel für die AG. Noch ein rotes Tuch aus meiner eher grünen Sicht.

Jedenfalls: Die Selbstkritik an der Generalversammlung und die kritische Attitüde des Berichtenden kulminierten in einem nicht sonderlich schmeichelhaften Artikel in der folgenden Montagsausgabe. Der Titel: «Nandrò-Bergbahnen Savognin mit Problemen». Auch wenn die Redaktion in Chur vor der Publikation einige Seitenhiebe aus dem abgelieferten Bericht eliminiert hatte: Der damalige Vorgesetzte des Nachwuchsschreiberlings erhielt umgehend ein Telefonat aus Landquart. Am Apparat: Leo Jeker. Was denn das für ein Journalist gewesen sei, der da nach Riom gekommen sei. Man könne doch nicht jemanden schicken, der keine Ahnung habe. So jedenfalls wurde es mir danach erzählt. Ich war schockiert und beschämt gleichzeitig.

Ich blieb bei der Zeitung, Leo blieb bei den Bergbahnen, also war klar: Unsere Wege würden sich weiterhin kreuzen. Savognin befand sich geografisch in meinem «Revier», Herr Jeker – der dann doch irgendwann zu «Leo» wurde – musste sich wohl oder übel mit dem neuen Mittelbündner Zeitungsredaktor abfinden. Und siehe da, mit der Zeit besserte sich das Verhältnis, relativ rasch sogar – und zwar gegenseitig. Auch wenn ich mit Leo das Heu weltanschaulich nicht immer auf der gleichen Bühne hatte: Ich lernte seine Geradlinigkeit schätzen, seinen Tatendrang, seine Hartnäckigkeit, seinen Ideenreichtum, seine Streitlust, die er allerdings stets der Fairness unterordnete, aber auch seinen Humor, seine Empathie, seine Herzlichkeit – und natürlich sein immenses Fachwissen. Der Mann wusste, wovon er redete. Kein Schaumschläger, kein Bluffer.

Als Leo dann im August 2023 – auf einen Vorschlag von Dario Morandi hin – an mich herantrat mit der Frage, ob ich sein «Lebensbuch» verfassen könnte, musste ich nicht lange überlegen. Die Zusage war eine Sache von wenigen Tagen. Inzwischen kenne ich Leos mehr als achtzig Lebensjahre so gut, wie man sie als Biograf kennen kann, und mein Respekt davor, was er in diesen Jahrzehnten geleistet und erreicht hat, hat noch zugenommen. Ich hoffe sehr, dass es Ihnen, liebe Leserinnen und Leser, genauso geht, wenn Sie sich auf den folgenden Seiten in das Leben des Zizerser «Tourismusbüazers» vertiefen. Und dass Sie sich von seinem wichtigsten und kürzesten Motto anstecken lassen: «Machen!» – denn es könnte ja gut werden.

Anpacken statt bloss plappern

Pechschwarz die Nacht, blütenweiss der Schnee. Und der schiesst im Gebiet der Savognin Bergbahnen gerade mit Hochdruck aus den Lanzen an den Pistenrändern. Mitten im Gestöber steht Leo Jeker. Der «Schneekanonen-Papst», der 1978 in Savognin die damals grösste Kunstschneeanlage Europas in Betrieb genommen hat, erklärt einer Schar von Journalistinnen und Journalisten, wie seine Leute Schnee herstellen. «Ganz ohne chemische Zusätze, da ist bloss Druckluft und Wasser», versichert der damalige Direktor der Savognin Bergbahnen im Gebiet oberhalb des Bergrestaurants Tigignas.

Das war im Januar 1990. Zu jener Zeit durfte ich als Redaktor der «Bündner Zeitung», der heutigen «Südostschweiz», den Pionier der künstlichen Beschneiung näher kennenlernen. Dass Leo diese Vorführung für uns «Schurnis» organisiert hatte, kam indessen nicht von ungefähr. Teilen der Bündner Bergbahnbranche drohte gerade eine Art Grounding. «Grüne und Linke» strebten mittels einer Volksinitiative ein Verbot von Schneekanonen an, was für tiefer gelegene Wintersportgebiete wie Savognin das Aus bedeutet hätte.

Dass es nicht so weit kam, ist Leo und seinen Mitstreitern zu verdanken, die den Abstimmungskampf an vorderster Front führten und auch gewannen. Damals wurde der aus Churwalden stammende Vollbluttouristiker als «Grünenfresser» gebrandmarkt. Zu Unrecht: Leo führte zwar mit den Befürworterinnen und Befürwortern teils harte Diskussionen rund um die Folgen der Schneekanonen-Initiative. Unfair wurde er aber nie, auch wenn manchmal unschwer zu erkennen war, dass es tief im Inneren des sonst so ruhigen und besonnenen «Bergbähnlers» kochte. Er verlor trotzdem nie die Contenance.

Und was mir an Leo bis heute imponiert, ist sein strategischer Weitblick, seine Bescheidenheit, seine offene und freundliche Art. Im Gegensatz zu den vielen «Heissluftgeneratoren» in den Chefetagen des Bündner Tourismus hat

Leo früh begriffen, worum es in dieser Branche geht: um Wertschätzung der Gäste, stete Innovation und eine intakte Bündner Volkswirtschaft mit entstprechend hoher Wertschöpfung aus dem Tourismus. Da hat Leo in all den Jahren angepackt, statt Power-Point-Folien zu präsentieren und ganze Magazine von Worthülsen zu verschiessen. Kein Wunder, wurde der umtriebige Touristiker 2004 von der europäischen Bergbahnelite der Alpen im österreichischen Kaprun zum «Bergbahnunternehmer des Jahres» gekürt.

Dario Morandi, Chur
Ehemaliger Redaktor der «Südostschweiz»

Das Lebensbuch.

Die Metzgerei und Fleischtrocknerei Spiess in Churwalden, um 1940.

1943. Waldbrandgeburt

Kindheit in Churwalden – Die ersten Ski – Mithilfe beim Vater – Sport und Musik

Leo Jekers Leben beginnt am 25. August 1943 – nein, nicht mit Schnee, ganz im Gegenteil. Der Sommer ist nicht nur ungewöhnlich heiss und trocken: Fünf Tage zuvor hat ein Zug der Rekrutenschule auf dem Churer Rossboden bei Schiessübungen den Calanda in Brand gesetzt, das Feuer wütet drei Tage und drei Nächte lang. Die Einsatzkräfte sind praktisch machtlos. Als der kleine Leo auf die Welt kommt, hat einsetzender Regen die verheerenden Flammen eingedämmt, aber seine Mutter Regina wird später oft davon erzählen, wie sie im Spital die Hitze der Katastrophe am Berghang nordwestlich der Stadt spürte.

Regina, eine gebürtige Geeser, entstammt einer Churwaldner Familie von Walserbauern, bei der Geburt ihres ersten Kindes Leo ist sie 31 Jahre alt. Ende der 1930er-Jahre hat sie den vier Jahre älteren Leo Andreas Jeker kennen- und lieben gelernt, einen Metzgermeister, der aus dem solothurnischen Mümliswil nach Graubünden gekommen ist. Er arbeitet in führender Position als eidgenössisch diplomierter Metzgermeister in der Metzgerei Spiess in Churwalden, und das mit Erfolg, mehrfach wird er für seine Produkte – darunter Bündnerfleisch, Coppa, Salsiz und Rohschinken – ausgezeichnet. Die junge Familie wohnt zuerst in der Schmitte an der Hauptstrasse mitten im Dorf, später im obersten Stock eines Hauses im Ortsteil Witi, dort kann die Mutter einen grossen Garten bewirtschaften, in dem auch die Kinder oft mithelfen. Die Kinder: Das sind neben Leo die nach ihrer Mutter benannte Regina, Jahrgang 1946, und Valentin, der 1949 geboren wird.

Wer in Churwalden aufwächst, kommt auch schon in den 1940er-Jahren früh mit dem Skifahren in Kontakt. Klein Leo ist gerade mal drei Jahre alt, als er zu Weihnachten sein erstes Paar Ski geschenkt bekommt, von Götti Ernst Brasser, Bauer und Skilehrer in Parpan. Rot sind sie und aus Holz, mit Bindung, der Junge ist begeistert. Oberhalb des Hauses in der Witi übt er die ersten Schwünge im festgestampften Schnee, noch nichts davon ahnend, wie sehr der Wintersport dereinst sein Leben prägen wird. Er kommt jedenfalls «u huara guat» mit den neuen Brettern zurecht, er merkt: Doch, das passt mir.

«Ich fahre jetzt seit 78 Jahren Ski. Von dem kommst Du nicht mehr los, vom Skisport. Und der Herrgott hat's gut gemeint mit mir. Unfälle? Vor grösseren bin ich gottlob verschont geblieben. Ich war als Junge lange Zeit im Skiclub Parpan, da haben wir oft Rennen am Heimberg veranstaltet, meist sind wir zu viert in der Gruppe losgefahren, wie heute im Skicross, das hat mir am besten gefallen. Aber wir hatten auch Einzelrennen. Da hat es mich einmal so überschlagen, dass beide Ski kaputt gingen. Jetzt wird's schwierig, hat mein Papa gemeint. Wir hatten ja nicht so viel Geld. Da habe ich gesagt, ich gehe im Sommer arbeiten und zahle euch zurück, was die Ersatzski kosten. So habe ich dann neue bekommen.»

Überhaupt der Sport: Er wird für Leo «zur wichtigsten Nebensache der Welt». Unermüdlich ist er schon als Kind, im Sommer und Herbst beispielsweise bereitet der nun schon etwas gewieftere Skifahrer Holzstangen vor, deponiert sie im Unterholz, damit er dann im Winter in einer benachbarten Waldschneise eine Piste stampfen, einen Slalom ausstecken und fleissig trainieren kann. Denn ganz abgesehen vom ermüdenden Fussmarsch dorthin: Geld für die Skilifte in Parpan hat die Familie nicht. Mit Lehrer Hans Brüesch geht es aber winters regelmässig mit den Ski nach Parpan, wo die Kinder samstags nach der Schule am Heimberg die Piste präparieren. Dafür dürfen sie anschliessend eine Stunde lang gratis den Lift benützen. An Kraft und Energie fehlt es Leo dort nicht – und nicht nur dort.

«Immer am Samstagnachmittag oder bei schlechtem Wetter auch mal am Sonntag durfte ich meinem Papa in der Fleischtrocknerei helfen. Der Vater hatte ja eine Sieben-Tage-Woche. Ich schulterte dann jeweils die Stangen, an denen Fleischstücke zum Trocknen aufgehängt waren,

Der Löwenhof in Churwalden, um 1940.

und damit ging es treppauf, treppab, hin und her. Mit diesem ‹Fitnesstraining› bin ich natürlich zu enormen Kräften gekommen. Vermutlich hat mir das die Basis gegeben für den Sport – ich kann es mir jedenfalls nicht anders erklären. Heute müsste man dafür ins Fitnesscenter … Was mich ebenfalls immer sehr beeindruckt hat: Am Montagmorgen früh, noch vor der Schule, konnte ich auch zum Papa ins Schlachthaus, dann wurde gemetzget. Das haben wir als Kinder einfach so miterlebt, für mich war das nichts Ungewöhnliches. Ich durfte sogar dabei helfen. So etwas wäre heute undenkbar. Im Herbst hat der Vater als Störmetzger die Bauern im Tal besucht, da konnte ich auch manchmal mitgehen. Und es war nie ein Müssen.»

Seinen Churwaldner Grossvater, den Waldarbeiter Andreas Geeser, erlebt Leo nur kurze Zeit, der Neni stirbt früh. Aber bei der Grossmutter verbringen er und die Geschwister viel Zeit, bei der «Nòòna» Luzia, geborene Brasser. Sie wohnt «uf dr Saga» in Churwalden, zuoberst im Restaurant «Löwenhof».

Mit der Grossmutter, 1944.

Der zweijährige Leo.

«Die ‹Nòòna› war quasi die Talschneiderin. Sie hat ganz tolle Kleider gemacht, und alles auf Mass. Die Jäger waren praktisch allesamt Kunden bei ihr. Und sogar für mich hat sie Sachen geschneidert. Natürlich perfekt, mit Hosenträgern dazu. Das habe ich nie vergessen.»

Holzen im Wald, auch das ist eine Arbeit, die Leo nicht scheut, der Papa nimmt ihn mit, auf dem Einachser geht's samstags hinauf zum Stockboden, dort wird das Heizmaterial für die Küche, für die Wohnräume, fürs Wäsche waschen gesammelt, gerüstet, bei jedem Wetter. Und später, wenn die beiden es ins Tal gebracht haben, gesägt und gespalten.

«Wir hatten auch ab und zu Pech. Dann hat es auf der Fahrt den Einachser überschlagen. Ich weiss noch, einmal musste ich sogar abspringen und die Mama rufen, man musste den Arzt holen, der Vater war verletzt. Solche Sachen sind schon auch passiert. Wir Kinder konnten im Alltagsleben immer voll mitmachen. Wir haben viel gelernt dabei. Auch, dass man zu schätzen weiss, was man hat.»

Leo besucht im Kloster Churwalden den Schulunterricht, etwa einen halben Kilometer von der Witi entfernt, zu Fuss natürlich. Die Primarschulen im Ort sind konfessionell getrennt, die katholische wird von den Menzinger

Schwestern geführt. In der Freizeit aber sind die Glaubensgrenzen nicht von Bedeutung, gerade beim Sport finden die katholischen und protestantischen Kinder zusammen. Nicht nur winters im Skiclub Parpan, sondern auch sommers, zum Beispiel an den Turntagen, organisiert vom reformierten Lehrer Brüesch, der Leos Klasse im Fach Sport unterrichtet.

Lange dauern die Sommerferien zu jener Zeit, aber nicht zuletzt dank Vaters Arbeit als Störmetzger kennt Leo die Landwirte in der Umgebung, und einer von ihnen, Bauer Gross, fragt den Jungen eines Tages, ob er nicht Lust habe, seine Tiere zu hüten. Das Vieh, die Geissen. Leo will, und so trifft man ihn nun sommers während der Primarschulzeit «dobna in da Steina» mit den Kühen oder unten im Tobel mit den Ziegen, stets ein Picknick von Frau Gross in der Tasche, «und das nie ohne Dessert». Später darf er dann mit dem Einverständnis der Eltern bei der Heuernte helfen, mal beim Dorf, mal auf Pargitsch oder Pradaschier, mal bei den Maiensässen am Oberberg, auf den grossen Flächen dort kann Leo ab und zu mit der Mähmaschine arbeiten, bevor er die Wiesenränder von Hand mit der Sägesse säubert, beim Rechen und Aufladen hilft. Ja, sogar den Traktor von Bauer Gross darf er einmal steuern, in steilem Gelände.

«Dass wir als junge Leute so viel Vertrauen bekommen haben, das war schon eindrücklich. Von allen Seiten, auch von den Eltern. Sie haben uns Geschwistern Bleibendes für das ganze Leben mitgegeben. Eine gewisse Einfachheit, den Umgang mit den Menschen, aber vor allem auch eine positive Grundhaltung: Nehmt das Leben, wie es ist, und macht das Beste daraus. Mein Papa hat immer gesagt: Aswia gaits, irgendwie geht's. Du musst einfach schaffen. Ob du jetzt etwas für deine Arbeit bekommst oder nicht alles, was du eigentlich verdient hättest, das spielt keine Rolle. Sie haben sehr gut zu uns geschaut und alles getan, um uns eine fundierte Bildung und Ausbildung zu ermöglichen. Die Schule, der Sport, das Mithelfen – das alles kam uns

später in hohem Mass zugute. Wir haben unseren Eltern viel zu verdanken. Papa und auch Mama waren Macher. Und sie haben uns Kinder machen lassen. Wohl deshalb wurden wir selbst ebenfalls Macher.»

Die Familie, die Schule, der Sport – und als viertes Element ist es die Musik, die Leos Jugend prägt. Die Eltern kaufen ihm eine Handorgel, ermöglichen ihm Unterricht im Musikhaus Strebel in Chur. Früh wird er auch Mitglied des katholischen Musikvereins Alpenrösli, der sich später mit der reformierten Musikgesellschaft Churwalden zum überkonfessionellen Verein Alpina zusammenschliesst.

«Andere in meiner Klasse hatten auch Handorgeln, und ich erinnere mich noch gut, dass wir oft auf einem Bänkli im Dorf zusammen den Schneewalzer gespielt haben. In der Musikgesellschaft waren mir die Blechblasinstrumente am liebsten. Egal, welches es war, das hat gar keine Rolle gespielt. Ich habe alle gespielt, immer die, von denen es grad wenige oder gar keine im Verein hatte. Dirigent Oscar Tschuor hat bei jedem Instrument gemeint, ach, das schaffst du auch. Posaune, Hörner, Basstuba. Sogar die Tschinellen musste ich einmal übernehmen, weil der Tschinellist nicht da war. Oder die Pauke. Aber die Posaune war schon meine Favoritin. Da musste mir Tschuor ständig sagen, Leo, du ziehst zu viel. Also: Du bist zu schnell. Ich wollte halt, dass man vorwärts macht!»

Mama Jeker mit ihren Kindern Regina, Valentin und Leo (von links), 1950.

1957. Klosterkirchenslalom

Realschule in Disentis – Jugendriege – Konditionstraining in den Bergen

Das Jahr 1957 bringt eine Zäsur in Leos Leben, zum ersten Mal ist nicht mehr das heimische Churwalden der Ort, an dem er die meiste Zeit verbringt. Er bricht auf ins romanische Bündner Oberland, in die Surselva – der 14-Jährige darf als Internatsschüler im Kloster Disentis die «Realschule» genannte Oberstufe besuchen, denn eine eigentliche Sekundarschule gibt es zu Hause in Churwalden zu jener Zeit nicht.

«In Disentis habe ich enorm viel gelernt. Von den Patres, die uns unterrichtet haben, aber auch von den anderen Schülern, denn wir hatten es ‹u huara guat› untereinander. Ich war auch viel zusammen mit denen, die im Gymnasium waren und auf die Matura zusteuerten. Aber selber wollte ich nicht aufs Gymnasium. Sieben Jahre Schule, das war mir viel zu lang. Nach Hause durften wir als Interne nur selten, aber die Eltern haben mich oft in Disentis besucht und haben dann dort in einer Pension übernachtet. Im Unterricht konnte ich mit Geschichte am wenigsten anfangen, aber rechnen, lesen, schreiben, das habe ich gerne gemacht. Ich habe auch gerne Handball gespielt, da war ich in einer Mannschaft mit dem späteren Abt Daniel Schönbächler, wir kamen super aus miteinander und haben Tor um Tor geschossen. Während der Studiumszeit am Abend war mir allerdings schon etwas langweilig. Meinem Sitznachbarn Ernesto aus Salouf habe ich dann gesagt, du, ich gehe ein wenig raus, Sport machen, aber du verrätst nichts, gell! Hat man ihn dann gefragt: Wo ist denn der Jeker?, hatte er keine Ahnung.»

Im Internat in Disentis wird es für Leo gegen den Winter hin etwas schwieriger mit den Sportmöglichkeiten. Aber als findiger Schüler weiss er natürlich einen Ausweg:

«Ich habe jeweils schon im Herbst Stecken geschnitten und im Wald deponiert, wie früher in Churwalden. Niemand wusste, was ich da mache. Hatte es schliesslich

Beim Slalomtraining in Disentis, ca. 1959.

Schnee, bin ich während des Abendstudiums raus. Ich konnte einfach nicht hocken bleiben. Auf der Nordseite des Klosters, neben der Kirche, habe ich eine Piste gestampft und überall dort, wo aus den Kirchenfenstern Licht kam, die vorbereiteten Stecken als Stangen eingesteckt. Und so habe ich Slalom trainiert. Bei den Schulmeisterschaften am Hang oberhalb des Dorfs haben Reto Reichenbach aus Trun und ich uns dann als Sieger immer etwa abgelöst, mal er, mal ich. Von meinen geheimen Trainings habe ich erst viel später erzählt, bei einem Jubiläumstreffen von Altdisentisern. Meine ehemaligen Lehrer waren im ersten Moment etwas schockiert, aber dann haben sie trotzdem gelacht. Ab und zu musste man halt Dinge heimlich machen … Ich weiss noch, als 1960 bei der Olympiade in Squaw Valley Roger Staub und Yvonne Rüegg eine Goldmedaille im Riesenslalom holten, ging ich ins Dorf zum Kiosk am Bahnhof, um mir die Sportzeitung zu kaufen. Das hätte ich natürlich auch nicht tun dürfen.»

Ein Motto schreibt sich Leo an der Klosterschule auf einen Zettel, er wird diese zwei Sätze sein Leben lang im Portemonnaie mit sich herumtragen, es ist die etwas ausführlichere Variante seiner kurzen, aber klaren Devise «Machen!»: «Ideen halten sich nicht, man muss sie verwenden. Jeder Gedanke strebt nach Verwirklichung.» So, wie er es auch 1960 wieder macht, zurück in Churwalden: Er initiiert eine Jugendriege im Dorf, die Resonanz ist gross. Als fleissigster Teilnehmer mit dabei ist Heini Hemmi, der spätere Olympiasieger im Riesenslalom, er fehlt nie. Der engste

Kreis der jungen Sportler kraxelt sogar sonntags zwecks Konditionstraining in die Berge: Leo, Hans Jäger, Jakob Tischhauser, Werner Hosig und Luzi Seeli.

«Da sind wir dann raufgestiegen nach Pradaschier, aufs Churer Joch oder aufs Stätzerhorn, haben oben Steine in den Rucksack gepackt und sind so wieder ‹ds Loch ab›. Die Steine haben uns mehr Gewicht und mehr Balance verliehen. Und immer sind wir auch zu Fuss wieder zurück nach Churwalden gelaufen. Heute sagt man dem Trailrunning … Im Sommer habe ich auch im Bett des Arieschbachs bei Fideris trainiert, mit Marco Walli, später mehrfacher Parsenn-Derby-Sieger. Das waren Slalom-Trockenübungen auf Steinen bergab und bergauf. Wir waren ständig in Bewegung. Und wir hatten eine super Kameradschaft. Einmal, bei einem Parpaner Skiclubrennen, habe ich einen Harass Bier gewonnen, und da haben wir natürlich gefeiert nachher. Aber der Papa hat's gemerkt und mich gleich am Montag beim Skiclub abgemeldet. Erst ein Weilchen später durfte ich wieder mitmachen.»

1960. Kaufmannslehrstart

Einstieg bei Tobias Kuoni – Gründungen – Die Idee von Savognin

Nach dem Abschluss der Oberstufe in Disentis fragt sich Familie Jeker: Wie könnte es jetzt für Leo weitergehen? Welche berufliche Ausbildung soll der Junge wählen? Dass es eine Lehre im kaufmännischen Bereich sein könnte, ist bald einmal klar, doch eine erste Bewerbung bei der Graubündner Kantonalbank scheitert. Dann meldet sich der Vater bei Rechtsanwalt und Notar Tobias Kuoni in Landquart, in dessen Büro ein KV-Lehrling gesucht ist. Leo bekommt einen Vorstellungstermin, gemeinsam mit dem Papa fährt er hin – und der Chef persönlich gibt ihm noch vor Ort die Zusage, «moll, Du kannst kommen». Die Freude bei Jekers ist riesig; schon am 1. Mai 1960 kann der 16-Jährige seine Bürolehre starten.

«Sie schauten immer vorwärts, nie zurück»

Kurz nach dem Zweiten Weltkrieg, als die Wirtschaftskrise nach neuen Verdienstmöglichkeiten verlangte, war Initiative in Saas-Fee gefragt. Hubert Bumann (1924–2020) hatte schon früh erkannt, dass gute Zugangswege zu den Kurorten, aber ganz speziell die Bergbahnen das Rückgrat im Walliser Tourismus bilden. Bergtourismus ist in seiner wirtschaftlichen Breite ohne die Seilbahnen hinauf in höhere Lagen und weiter ins Hochgebirge kaum denkbar – und Wintertourismus schon gar nicht. Für den Start in ein neues Tourismuszeitalter brauchte es in Saas-Fee die Überzeugungskunst eines Hubert Bumann. Am Anfang stand wenigen Feern der Sinn nach dem Bau von Bahnen. Der Schnee sei zwar weiss wie andernorts auch, aber der Skisport mit mechanischen Aufstiegshilfen passe eher zu Arosa oder Zermatt als zu einem verträumten Bergbauernort, war eine verbreitete Meinung im Gletscherdorf. Doch Hubert Bumann liess sich nicht beirren, setzte sich gegen alle Widerstände für den Bau der Strasse hinauf zum Dorfrand von Saas-Fee ein. Eine erste Grundvoraussetzung für die Entwicklung des Orts. Die Autofreiheit sollte zu einem unschätzbaren Trumpf werden. Während mehr als vier Jahrzehnten setzte er mit viel Tatendrang seine Visionen durch. Angefangen mit einem kleinen Übungslift am Dorfrand bis zur unterirdischen Standseilbahn Metro Alpin hinauf nach Mittelallalin auf rund 3500 Metern über Meer, mitten hinein in die grandiose Gletscherwelt.

Ein anderer Pionier und Visionär entwickelte und realisierte seine Visionen in Savognin: Leo Jeker. Er war öfters im Alpenraum, in Skandinavien oder auch in Amerika und Kanada unterwegs, um sich dort die Entwicklungen im Wintersport anzuschauen. Da er nicht stehen bleiben wollte, initiierte und verwirklichte er Vorzeigeangebote an «seinem» Skiberg. Dank dem Engagement des umtriebigen Leo wurde das Angebot für die Winteranlagen in Savognin permanent weiter ausgebaut, ohne dass Savognin seinen Dorfcharakter verloren hätte. Dank der Unterstützung der Gemeinde wurde der Ort zu einer Pionierdestination. 1978 baute das Unternehmen die erste Grossschneeanlage Europas. So wurde Savognin auch zu einem attraktiven Trainingsort für Profiskifahrer und zwischen 1983 und 1995 zum Austragungsort von insgesamt sieben FIS-Doppelveranstaltungen. 1985 fand wegen der Schneeanlage der Slalom-Weltcup der Damen in Savognin statt.

1986/87 ging als Weltneuheit die Doppelnutzungsanlage Barnagn mit Sommersee und Winterparkplatz in Betrieb, 2005 das Hotel «Cube», ein weiteres innovatives Projekt, bei dem Leo von Anfang an aktiv mitgewirkt hatte. In dieser Zeit entstand auch die «Star Club»-Skikarte, die in den Stationen Sölden, Ischgl, Silvretta Nova, Lenzerheide, Savognin und Saas-Fee gültig war. Die Karte war für ambitionierte Skifahrer gedacht und sollte gleichzeitig den Erfahrungsaustausch unter den Seilbahnverantwortlichen fördern. Dank meinem Einstieg in die damalige Luftseilbahn Saas-Fee AG im Jahr 1983 erkannte ich die grosse Schaffenskraft meines Vaters Hubert und später dank der Kooperation im «Star Club» auch Leos grosse und vielseitige leidenschaftliche Arbeit. Mit ihm verbindet mich eine langjährige Freundschaft. Besonders unvergesslich sind für mich seine emotionalen Ansprachen bei der Awards-Verleihung des Internationalen Skiareatests, bei dem er seit 2021 als Ehrenpräsident amtet. Er motivierte die teilnehmenden Seilbahnunternehmen dazu, weiter nach vorne zu schauen und die staatlichen Hindernisse hinter sich zu lassen.

Hubert und Leo hatten viel gemeinsam. Die beiden Seilbahnpioniere liefen sich während ihrer aufstrebenden Karriere immer wieder über den Weg, erstmals bei der Eröffnung der Grossschneeanlage in Savognin. Bei ihren verschiedenen Zusammenkünften motivierten sie sich gegenseitig für ihre verschiedensten Vorhaben. Es war ihnen sehr wichtig, Verdienstmöglichkeiten für die einheimische Bevölkerung zu schaffen, aber auch Werte an die Gesellschaft weiterzugeben. Ohne dabei die grosse Arbeit, deren Folgen und die Kritik zu scheuen. Sie schauten immer vorwärts, nie zurück – besser kann man das Wesen dieser einzigartigen Pioniere nicht umschreiben.

Damian Bumann, Saas-Fee
Redaktor Vereinigung Technisches Kader Seilbahnen Schweiz

Leo mit Isabella (vorne) und seiner Schwester Regina in den 1960er-Jahren.

«Tobias Kuoni war beruflich viel unterwegs, und dann konnte es durchaus vorkommen, dass ich alleine im Büro war, bereits in den ersten Monaten. Frau Kuoni, die ebenfalls im Büro mithalf, war ja auch nicht immer da. Am meisten Angst hatte ich, wenn dann das Telefon klingelte. Ich habe geschwitzt und gedacht, Jesses, was kommt jetzt? Was sage ich bloss? Wie kann ich den Leuten weiterhelfen, die anrufen? Jedenfalls, mein Chef hatte schon damals vollstes Vertrauen in mich. Er liess mich immer machen, also musste ich auch machen, organisieren. Ich habe Schreibmaschinenkurse besucht, zusätzlich zur Berufsschule, auch Kurse in Stenografie. Das hat mir wahnsinnig viel gebracht, weil Tobias Kuoni mir dann direkt seine Texte diktieren konnte, Statuten, Gründerverträge, Rechtsschriften, und so weiter. Oft abends um zehn, elf Uhr, wenn er zurück im Büro war. Die Texte konnte ich dann gleich in die Schreibmaschine hämmern, das waren noch die alten ‹Chläpf›, ohne Korrekturband und so. Man musste also sehr sicher sein mit Tippen, für Korrekturen blieb keine Zeit. Aber so wurde ich früh eingeweiht in unzählige Fachgebiete, auch in Erbschaftsangelegenheiten, in Buchhaltungen, in den Bau und die Verwaltung von Immobilien. Von diesen Diktaten habe ich enorm profitiert. Von der Logik, mit der Tobias Kuoni seine Texte aufgebaut hat, von den Rechtsfragen, die darin beantwortet wurden. Ich durfte so viel lernen: über Gesellschaftsrecht, Strafrecht, Grundrecht – ohne selber Jurist zu sein.»

Womit Leo sich auch oft beschäftigen muss und darf: die Gründung von Skilift- und Bergbahngesellschaften, ein Bereich, in dem sein Chef Tobias Kuoni schon viel Erfahrung hat. Er gilt als renommierter Berater und Jurist für touristische Entwicklungen und den Aufbau von Bergbahnen. Lenzerheide-Scalottas, Splügen, San Bernardino, Sörenberg, Flumserberg, später Grüsch-Danusa, an diesen und anderen Orten ist das Büro unterstützend involviert, und der junge Auszubildende hilft tatkräftig mit. Oder sogar mehr als das: Im dritten Lehrjahr wird er die Errichtung der Bergbahngesellschaft Krummenau-Wolzenalp im Kanton St. Gallen sogar von A bis Z alleine umsetzen, inklusive Gründungsversammlung mit 270 Aktionärinnen und Aktionären. Den für Leos weiteren Werdegang entscheidenden Besuch bekommt das Büro Kuoni aber im November 1961.

Es ist Gemeindekanzlist Leza Spinatsch, der von Savognin nach Landquart gereist ist, er will sich mit Tobias Kuoni besprechen. Im Tal ist man in Sorge, man sucht nach Mitteln gegen die Abwanderung, nach Möglichkeiten, die Region neu zu beleben. Die Bevölkerungszahl in Savognin beispielsweise ist von einst über 1000 auf gut 630 gesunken. Seit dem Bau des Staudamms in Marmorera sei im Surses nichts mehr gelaufen, beklagt der Kanzlist. Eine Industrialisierung hat man als Option schon in der Vorprüfung verworfen; die Standortnachteile sind zu gross. Nun, so Spinatsch, habe der Gemeindevorstand eine klare Absicht, eine Vision: Das Dorf und das ganze Surses sollten sich touristisch entwickeln, um auf diese Weise zu einer soliden wirtschaftlichen Existenzbasis zu kommen. Das Motto: «Ein Bergtal hilft sich selbst.» Doch in Savognin gibt es zu diesem Zeitpunkt lediglich einen hölzernen Skilift nach Parnoz, abgekauft einst aus Davos. Ein einziger Occasionslift – das muss sich ändern, ist der Gemeindevorstand unter Präsident Mathias Wasescha-Peterelli überzeugt: Schon so mancher Bündner Kurort ist dank Bergbahnen gross geworden. Wo diese Beförderungsanlagen im Fall von Savognin gebaut werden sollen, ist schnell festgelegt – in drei Sektionen in Richtung Piz Martegnas; Tobias Kuoni entwirft das Grobkonzept. Es müsse «etwas

Rechtes» sein, das «einschlägt» und sofort bekannt wird, «sonst lieber die Hände weg», meint er. Anfänglich erweist sich die Finanzierung des Vorhabens als schwierig, doch als sich die Gemeinde dazu bereit erklärt, einer Bahngesellschaft eine grössere Menge Bauland – etwa 50 000 Quadratmeter – als Sacheinlage für den Verkauf zur Verfügung zu stellen, wächst das Interesse der möglichen Geldgeber. Die Erlöse aus der Veräusserung des Bodens werden später dazu dienen, finanzielle Anfangsschwierigkeiten der Unternehmung zu überbrücken.

Im Winter 1961/62 werden Kontakte zu drei als vertrauenswürdig erachteten Investoren etabliert: Migros-Kadermann Jean D. Arnet aus Zürich, Unternehmer Sebastian Stuppan aus Rümlang und Ingenieur Hermann Kirschke, ebenfalls aus Zürich. Bei den Gesprächen stets mit dabei: KV-Lehrling Leo Jeker. Im Eilzugtempo werden die ersten Verträge aufgestellt, und auf Drängen der Gemeinde hin erklärt sich Tobias Kuoni schliesslich dazu bereit, ebenfalls Aktionär zu werden und das Präsidium der neuen Gesellschaft zu übernehmen.

«Frau Kuoni hat zuerst das Veto eingelegt. Sie war ja sehr kritisch und nicht so schnell für solche Ideen zu begeistern. Ich habe ihr dann gesagt, meiner Meinung nach sei das eine gute Sache. Und schliesslich ging es sehr rasch vorwärts. Ich durfte die bereinigten Verträge niederschreiben, den Gründervertrag, die Statuten, später die ersten Durchleitungsverträge. Für uns war klar: Bevor wir eine AG errichten, müssen wir klären, ob wir überhaupt bauen dürfen. Das hatten wir aber ebenfalls relativ schnell unter Dach und Fach, auch die Zustimmung der involvierten Gemeinden Riom, Parsonz und Savognin und der Meliorationsgenossenschaft; eine Alpkorporation gab es erst später. Jedenfalls: Die Talschaft hat zusammengehalten.»

1962. Dreibahnensommer

Geburt der Nandrò AG – Bau der Hauptlinie – Konzessionsgesuche

Die eigentliche Gründungsversammlung findet am 25. Mai 1962 in Savognin im Hotel «Piz Mitgel» statt. Gerade mal sechs Monate sind vergangen, seit der Gemeindevorstand von Savognin den Auftrag zur Verbesserung der Existenzgrundlage im Tal erteilt hat. Die «Nandrò, Ski- und Sessellifte Savognin-Martegnas AG» – so der vollständige Name – wird aus der Taufe gehoben, mit einem Anfangskapital von 725 000 und einem Endkapital von 1,1 Millionen Franken, bei der Gründung verteilt auf 221 Aktionärinnen und Aktionäre. Lehrling Leo erstellt die Eröffnungsbilanz und die Durchschreibebuchhaltung. Ausserdem lanciert er in dieser Zeit auch den Hundertjährigen Kalender der Nandrò AG und anderer Unternehmungen – darin sind alle Termine der teils auf Jahrzehnte abgeschlossenen Verträge aufgeführt, damit auch in ferner Zukunft kein wichtiges Datum vergessen geht. Der Kalender wird von nun an regelmässig nachgeführt.

Praktische Berghilfe, verbunden mit einer wirtschaftlichen Unternehmung: Das ist die Idee von Savognin. Und die ersten konkreten Taten am Berg folgen gerade mal zwei Tage nach dem Gründungsakt der Gesellschaft – die bereits ausreichend vorbereiteten Bauarbeiten für die Transportanlagen beginnen. Auf dem Programm stehen Investitionen in der Höhe von 1,9 Millionen Franken. In einem einzigen Sommer werden drei Bahnen gebaut, und das ohne Helikopterhilfe, nur mit Materialseilbahnen bis hinauf auf den Gipfel, sie sind teilweise Tag und Nacht in Betrieb. Von Savognin nach Tigignas entsteht eine Zweiersesselbahn mit festen Klemmen, von Tigignas nach Somtgant eine Kombianlage, die winters als Skilift, sommers ebenfalls als Zweiersesselbahn genutzt werden kann, denn die Hälfte der Sessel aus Sektion 1 wird dann in die Sektion 2 umgehängt. Von Somtgant auf den Piz Martegnas schliesslich wird der zu jenem Zeitpunkt längste Skilift der Schweiz errichtet, ganze 2150 Meter misst er. Den Tiefbau erledigt die Firma Florian Battaglia aus Savognin, die Holzarbeiten übernehmen die ebenfalls in Savognin beheimateten Gebrüder Uffer.

«Das war schon eine verrückte Leistung, von den Einheimischen, den beteiligten Unternehmen, unseren Leuten und vom Verwaltungsrat. Das ging Tempo Teufel. Zuoberst dieser Riesenskilift, und weiter unten die Kombianlage Tigignas-Somtgant – für die brauchten wir sowohl eine Skilift- als auch eine Sesselbahn-Konzession; dazu eine Konzession für die Zweiersesselbahn Savognin-Tigignas. Für das Konzessionsgesuch hatten wir alles Nötige nach Bern geschickt. Ende November 1962 sagte mir Tobias Kuoni, du, jetzt musst du doch mal in Bern anrufen und nachfragen, wir haben ja die Konzession noch nicht. Dabei waren wir schon fast fertig mit dem Bau, und das Eröffnungsdatum war festgelegt. Es hiess dann, jaja, die Konzession komme. Ah, in Ordnung, und die Bauabnahme, wann ist die? Der zuständige Ingenieur beim Bundesamt für Verkehr hat dann zurückgerufen, und wir konnten das regeln. Zehn Tage vor der Eröffnung und Einsegnung ist die Konzession tatsächlich eingetroffen, sie datierte vom 11. Dezember 1962 und war unterzeichnet vom damaligen Bundesrat Willy Spühler. Ja, das waren noch Zeiten! Heute kann man ohne Konzession nicht mal anfangen, eine Anlage zu bauen …»

Natürlich braucht es im neuen Skigebiet auch ein Verpflegungsangebot. Die Nandrò AG möchte, dass Einheimische diese Aufgabe übernehmen, aber das kommt im ersten Anlauf nicht zustande. Jean D. Arnet ergreift daraufhin die Initiative, blitzartig wird eine AG namens Anki – kurz für «Arnet und Kirschke» – gegründet, eine Art hölzerner Baustellencontainer aufgestellt und zum ersten Bergrestaurant in Tigignas umfunktioniert. Letztlich engagieren sich dann aber doch auch noch die Familien Ballat aus Parsonz und Dosch aus Cunter in der Skigebietsgastronomie, sie bauen ein Maiensäss bei Somtgant in ein kleines Restaurant um.

1963. Aufschwunghoffnung

«Pianta»-Büro und Trainingsläufe – Medienresonanz – Neue Projekte – Lehrabschluss – Jugendparlament

Die eigentliche «Steuerzentrale» der Nandrò AG während des Baubetriebs zwischen Savognin und dem Piz Martegnas findet sich an einem ganz besonderen Ort.

«Wir hatten auf die Eröffnung der Stammanlagen hin unzählige Personal-, Liefer- und Durchleitungsverträge vorzubereiten. Der Samstagvormittag war jeweils für Besprechungen reserviert. Tobias Kuoni, Jean D. Arnet und ich richteten unser fahrendes Büro hinter dem Kachelofen im Restaurant ‹Pianta› in Savognin ein. Dort führten wir Gespräche mit Behördenmitgliedern, Verwaltungsräten, Personal und anderen. Briefe und Verträge tippten wir direkt in die Schreibmaschine. Nach Arbeitsschluss um etwa 14 Uhr zog ich dann jeweils den Trainingsanzug an. Ich sagte Tobias Kuoni: Wenn es Ihnen recht ist – damals waren wir noch per Sie –, deponiere ich meine Mappe in Ihrem VW Käfer und renne dann nach Chur. Ich hatte ja sonst nie Zeit zum Trainieren. Der Lauf dauerte dann so um die dreieinhalb Stunden, es waren etwa 50 Kilometer, eine rechte Strecke. Damals noch auf dem alten Schinweg, in den Tunnels hatte es noch keine Beleuchtung. Das war gerade im Winter heikel. Ich habe mir deshalb mal eine Stirnlampe angeschafft, sonst wäre es zu gefährlich gewesen. In Sils bin ich dann durch das Domleschg und ab Rothenbrunnen über den Polenweg nach Domat/Ems und weiter nach Hause zu den Eltern, die 1962 nach Chur gezogen waren. Meine Mutter hat meist noch etwas Währschaftes gekocht, wenn ich angekommen bin. Man sieht also, Beruf und Sport waren für mich eine gewisse Einheit. Nach der Arbeit in Landquart oder dem Unterricht an der Kaufmännischen Berufsschule bin ich auch oft nach Hause gerannt. Oder später auf unsere Savogniner Baustellen am Berg, zum Beispiel von Radons nach Tgeps. Der Verwaltungsrat fuhr im Muli hinauf, und ich kam zu Fuss hinterher.»

«Trotz seiner Standhaftigkeit bewahrt Leo stets Dialogbereitschaft»

Von 2003 bis 2018 durfte ich gemeinsam mit Leo Jeker als Mitglieder der SVP und später der BDP Graubünden unseren Wahlkreis Fünf Dörfer im Grossen Rat vertreten. Für mich war Leo weit mehr als ein politischer Weggefährte – er war ein verlässlicher Kamerad, der eine gelebte sozialliberale Wertehaltung verkörperte und stets mit Anstand seinen politischen Gegnern gegenübertrat.

Er fand klare Worte und engagierte sich entschlossen zugunsten einer Verbesserung der wirtschaftlichen Rahmenbedingungen für Unternehmen, er setzte sich für eine grösstmögliche Selbstbestimmung von Regionen und Gemeinden in ihrer wirtschaftlichen Entwicklung ein. Und er wehrte sich vehement gegen externe Einmischungen, insbesondere jene von Umweltorganisationen, deren Einsprachen oft wenig Rücksicht auf die lokalen Bedürfnisse der Bevölkerung nahmen. Trotz seiner Standhaftigkeit bewahrt Leo aber stets Dialogbereitschaft – und als Touristiker insbesondere ein Bewusstsein für einen verantwortungsvollen Umgang mit der Natur, um nachhaltiges Wachstum zu gewährleisten.

Leo ist ein visionärer und zielgerichteter Querdenker, stets darum bemüht, neue Wege zu erkunden und langfristige Projekte voranzutreiben. Bereits im Jahr 2005 setzte er sich in einer Anfrage an die Regierung für eine Zweitwohnungspolitik ein, die eine verstärkte Nutzung von Zweitwohnungen im Kanton ermöglichen sollte. Eine Politik, dank der die Eigentümer der Zweitwohnungen und die Tourismusregionen gleichermaßen profitieren würden. Er befürwortete und förderte die Idee von Eisenbahn-Querverbindungen zwischen Graubünden und benachbarten Regionen oder Talschaften. Beispiele sind die Tunnelverbindungen zwischen dem Engadin und dem Vinschgau oder zwischen Chur und Davos als Normalspur mit Anbindungen an Lenzerheide und Arosa.

Am 29. August 2007 erhielt Leo die verdiente Anerkennung seiner Kolleginnen und Kollegen im Grossen Rat: Sie wählten ihn mit Applaus zum Bündner Standespräsidenten.

Sein starker Wille, Ideen in die Tat umzusetzen, motivierte nicht nur die Wirtschaftsverbände, in denen er als Vorstandsmitglied fungierte, zu aktiver Initiative. Er trug auch massgeblich zu Leos unternehmerischem Erfolg in Savognin bei. Wo stünde der Wintertourismus heute ohne Schneeanlagen, wenn nicht Leo, der Pionier der Schneekanonen, gewesen wäre? Er errichtete Europas erste Großanlage in Savognin und kämpfte als Mitbegründer der Interessengemeinschaft Tourismus Graubünden erfolgreich gegen die Bestrebungen der Umweltverbände, Schneekanonen zu verbieten.

Leos Persönlichkeit, sein Einsatz als Touristiker, Unternehmer und Politiker für die wirtschaftliche Entwicklung unseres Berggebiets werden am treffendsten durch einen Slogan veranschaulicht, den wir immer noch alle kennen: «Mein Ziel Savognin»! Danke, Leo.

Heinz Dudli, Zizers
Alt Grossrat (BDP),
dipl. Bauingenieur ETH, Unternehmer,
ehemals Präsident Handelskammer und
Arbeitgeberverband Graubünden

“ Nicht herumdoktern, sondern machen
– aber miteinander. Allein geht es nicht. ”
Leo Jeker

“ Novemberschnee ist Buchungsschnee. ”
Leo Jeker

Die «Idee von Savognin», die «aktive Selbsthilfe eines Bergvölkleins, das hart um seine Existenz kämpft», schafft es auch in die Medien. «Glänzende Voraussetzungen für eine Entwicklung zum Winter- und zum Sommerkurort» habe der Raum um den Hauptort des Surses, wird in einer Beilage der «Bündner Zeitung» geschrieben, und: «Hoffen wir, dass die neue Initiative zum Wohle des Dorfes und der ganzen Talschaft ausschlage, damit endlich, nach so vielen Jahrzehnten des Stillstandes, in zeitgemässer (...) Weise, einiges von der einstigen Bedeutung des schönen Bergtales zurückgewonnen werde.» Die weiten Skigelände von Savognin würden dem «um sich greifenden Skisport ungeahnte Möglichkeiten» eröffnen. Was hinzukomme: Das Oberhalbstein könne die in der Fremdenindustrie so gesuchten Arbeitskräfte aus dem eigenen Tal stellen. Manpower, die auch schon beim Bau der Transportanlagen zum Tragen gekommen ist – noch nie wurden in der Schweiz in einem einzigen Sommer Skilifte und Sesselbahnen mit einer so grossen Kapazität über eine Höhendifferenz von 1500 Metern gebaut. Nun «hofft das ganze Tal auf wirtschaftlichen Aufschwung», und bereits sei absehbar, dass das Baugewerbe weitere grosse Aufgaben zu bewältigen haben werde. «Allein auf Gebiet der Gemeinde Savognin stehen verschiedene Hotelbauten, Motels, Appartementhäuser und Einzelferienhäuser in Projektierung.»

In der Tat geht es auch bei der Nandrò AG Schlag auf Schlag weiter. 1963 wird unweit der Talstation das Camp Julia errichtet, eine Gruppenunterkunft und gleichzeitig der erste Ganzjahresplatz für Camping und Caravaning einer Bergbahn. Auf den Sesselbahnen zwischen Savognin und Somtgant wird der Sommerbetrieb eingeführt, ab sofort ein wichtiges Freizeitangebot für die Gäste und die Einheimischen. 1964 folgen die ersten Pauschalskiwochen der Schweiz – natürlich in Savognin. Leo hat inzwischen seine Lehre bei Tobias Kuoni abgeschlossen, er bleibt dem Familienunternehmen aber auf Wunsch des Chefs – «wenn Du willst, darfst Du bei uns bleiben» – als Verwaltungsangestellter erhalten. Administrative «Schaltzentrale» der Bergbahn-Unternehmung ist – und das noch für viele Jahre – Kuonis Büro in Landquart; gänzlich nach Savognin umziehen wird die Administration sogar erst 2010.

Bald nach dem Ende seiner Lehrzeit kommt Leo zum ersten Mal aktiv mit der Politik in Kontakt: Er wird Mitglied des Bündner Jugendparlaments, zu jener Zeit noch für die CVP. Mit ihm zusammen politisieren andere junge Leute, die zeit ihres Erwachsenenlebens ebenfalls wieder mit ihren verschiedenen Engagements von sich reden machen werden, darunter Reto Sciuchetti, Paul Bötschi, Christian Hardegger, Ruedi Killias, Romano Kunz, Pierluigi Schaad, Hansmartin Schmid, Hermann Schlapp, Sina Flury und ihr späterer Ehemann Rolf Stiffler. Einer der Vorstösse, die Leo einreicht, schlägt eine Verlegung des Trassees der Arosabahn bei Chur in einen Tunnel vor – weil der Jungpolitiker kurz zuvor wegen der Schienen mit dem Velo einen Sturz hingelegt hat. «Da dachte ich, fertig, das geht nicht.» Wenige Zeit später wird Leo für die «Regierung» des Jugendparlaments vorgeschlagen – und darf in dieser Funktion unter anderem seinen eigenen Vorstoss beantworten …

1964. Landesausstellungsmarsch

Zu Fuss an die Expo – Rekrutenschule – Ausdauersport – Der zweite grosse Wurf am Berg – Begegnung mit Isabella

An den Wochenenden unternimmt Leo, wenn keine beruflichen Einsätze anstehen, stundenlange Bergläufe als Training; 1964 marschiert er gar an die Landesausstellung in Lausanne: über die Pässe Oberalp, Furka, Grimsel und Jaun, er braucht für die 325 Kilometer fünfeinhalb Tage. Ein einmaliges Erlebnis. Eigentlich möchte er das Abenteuer nicht alleine bestehen, er schaltet ein Inserat: Begleitung gesucht – doch es meldet sich niemand. Also zieht er alleine los. Am Dienstag, 4. August, beginnt seine Reise. Mit dabei hat er ein Dokument, das er unterwegs von den passierten Polizeiposten unterzeichnen lässt, als Beweis für den Fussmarsch. Die Kantonspolizei in Chur notiert: «Der unterzeichnete Polizeiposten bestätigt, dass Leo Jeker, 1943 Landquart/Chur, Dienstag, 4. August 1964, 0815 in Chur gestartet ist, um zu Fuss das Ziel Expo 1964 in Lausanne zu erreichen.» Auch eine Art Tagebuch hat Leo dabei, darin hält er alle Details fest: die Marschzeiten, die exakte Verpflegung («Mittagessen: 1 Salsiz, Brot, 1 l Milch, 3 Bananen. Auf dem Weg: Traubenzucker. Nachtessen: 1 kg Bananen»), die Unterkunft, das Wetter, den Verkehr, das Tenue («Waffenlaufschuhe, Knickerbockerhosen, Leibchen, Polohemd, bis Ilanz Militärrucksack ca. 13 kg, ab Ilanz Verlad Rucksack Bahn»). Den ersten Halt legt er in seinem ehemaligen Schulort Disentis ein, er besucht das Kloster, übernachtet in der Casa Cumin. «Nach gutem Schlaf machte sich der junge kaufmännische Angestellte wieder auf den Weg nach dem schönen Oberalp-Pass. Aus dieser Berggegend konnten noch viele junge Erinnerungen der Rekrutenschule geschöpft werden.» So schildert es Leos Vater in einem Text, der später in einer Bündner Tageszeitung als «Eingesandt» veröffentlicht wird. Am zweiten Tag rennt Leo über die Pässe nach Gletsch im Wallis, es folgt die Etappe bis Interlaken, dann eine vierte Teilstrecke bis nach Boltigen im Berner Obersimmental. Der fünfte Tag führt ihn über den Jaunpass bis zum Waadtländer Ort Oron-la-Ville, am sechsten Tag kommt Leo schliesslich kurz nach Mittag auf dem Gelände der Expo an. Eintrag im polizeilichen Bestätigungsjournal: «Lausanne, Kreuzung Bourdonnette passiert am Sonntag, 9. August 64, 13.10 h». «Meine Waffenlaufschuhe waren

Nach der Ankunft an der Expo, 1964.

Schnee auf dem Kopf, Schnee im Kopf beim Waffenlauf Wiedlisbach, 1969.

nur noch Fetzen», wird sich Leo gut 50 Jahre später im Gespräch mit dem «Bündner Tagblatt» erinnern. Seine reine Marschzeit insgesamt: 53 Stunden und 10 Minuten. Im Schnitt 6 Kilometer pro Stunde hat er hinter sich gebracht. Und die «Zizerser Dorfzeitung» notiert: «Die Leistung ist umso erstaunlicher, wenn man weiss, dass Leo Jeker nur eine Woche zuvor den holländischen Vier-Tage-Marsch absolviert hat und am Samstag vor seinem Start seiner Schlummermutter in Landquart sämtliche Fensterläden gereinigt und frisch gestrichen hat.»

«Als ich in Lausanne am Schalter der Expo 64 ankam, waren alle erstaunt. Die Sekretärin der Infostelle rief gleich ihren Chef, zu meiner Überraschung ein Bündner. Er wollte mich in ein Hotel einladen, was ich dankend ablehnte, denn ich hatte bereits in der Jugendherberge in Lausanne reserviert. Ich bekam aber zwei Freikarten für die Landesausstellung – und machte gleich noch bei zwei Geschwindigkeitswettbewerben mit. Beim Schreibmaschinenschreiben kam ich auf den dritten Platz, beim Stenoschreiben auf den sechsten. Wichtig war natürlich nicht nur das Tempo, es musste auch möglichst fehlerfrei sein!»

Die erwähnte Rekrutenschule in Andermatt/Hospental hat Leo 1962 absolviert, hauptsächlich im Bürodienst in Andermatt. Dabei erledigt er unter anderem etliche Aufgaben auch für den Schulkommandanten Peter Baumgartner und Divisionär Rudolf Cajochen: Er stellt Programme zusammen oder übernimmt die administrative Vorbereitung von Truppenbesuchen. Ein besonders prominenter

Gast: Mohammad Reza Pahlavi, Schah von Persien. Der sportlich unermüdliche Leo selbst startet in diesen Jahren aber noch eine ganz andere Karriere mit militärischem Hintergrund: Er beginnt, Waffenläufe zu absolvieren. Gegen 100 werden es in den kommenden Jahren sein, zweimal wird er über die Saison gerechnet bester Bündner, und oft schafft er es bei Läufen in der ganzen Schweiz unter die besten 25 – je nach Anlass bei immerhin 500 bis 1000 Teilnehmern. Später wird er Mitgründer und erster Präsident des Wehrsportvereins Chur und Umgebung, dessen Vorstand er von 1970 bis 1975 angehören wird.

Dem Ausdauersport bleibt er noch lange treu, unter anderem absolviert er in Holland mit der Schweizer Armee fünf Mal einen Viertagemarsch, 1966 in Israel einen mehrtägigen Marsch mit insgesamt 14 000 Teilnehmenden, er führt von Tel Aviv nach Jerusalem und wird mit Hubschraubern abgeschirmt. Der Sechstagekrieg ist nur wenige Monate entfernt. In der Schweiz sieht man den jungen Bündner an Läufen in Murten und rund um den Zürich- und den Brienzersee, mehrfach auch am 100-Kilometer-Lauf von Biel, sein bestes Ergebnis dort ist Rang 13 unter rund 800 Teilnehmenden. Und natürlich trainiert Leo, so oft er kann, er rennt auch mal abends von Landquart nach Feldkirch, sonntags von Chur nach Klosters oder unter der Woche in der Mittagspause vom Büro über 900 Höhenmeter via Mastrils auf den Pizalun. Das Gipfelkreuz dort trägt notabene einen Sinnspruch, der zu einem Lebensmotto wird: «Schaue aufwärts – denke vorwärts.»

Vorwärts denkt man derweil auch in Savognin, wo Leo 1965 dafür sorgt, dass der erste automatische Schnee- und Pistenbericht abgerufen werden kann. 1966 geht es dann auch baulich am Berg weiter: Realisiert werden die Skilifte Stanegn und Naladas; der Naladas-Lift ist der erste in der Schweiz mit einer Förderleistung von 1000 Personen in der Stunde. Eröffnet werden kann dank dieser Anlage ausserdem die sogenannte «Traumpiste» vom Piz Martegnas nach Naladas. 1969 wird dann bahntechnisch der zweite grosse

Wurf nach dem Gründungsjahr folgen: In einem einzigen Sommer werden elf Kilometer Bergbahnen und Skilifte gebaut – die Gondelbahn Savognin-Malmigiucr-Radons und die Skilifte auf der Achse Radons-Tgeps-Piz Cartas.

«Radons war damals die längste Gondelbahn Europas. 5,2 Kilometer in zwei Sektionen. Das war ein riesiges Unterfangen. Es waren mehrere Projektanten in Diskussion gewesen, und Gerhard Müller aus Dietlikon hatte immer damit hausiert, er baue die leichteste Gondelbahn, dann brauche es nicht so enorme Masten und Stationen. In den Gondeln seien ja jeweils vier Personen drin, das gebe Gewicht genug. Die Gründer haben ihm schliesslich den Auftrag erteilt. Und das Bauprogramm in jenem Sommer war schon verrückt. Radons-Tgeps-Piz Cartas war vorausschauend bereits als Doppellift vorgesehen. Die Skilifte waren von Städeli in Oetwil am See, wie schon 1962. Jetzt hatten wir aber immerhin Helikopter im Einsatz. Trotzdem – so viele Kilometer Seilbahnen in so kurzer Zeit … Es wurde dann noch knapp, aber Ende Dezember, Anfang Januar war alles fertig. Eine Riesenübung.»

In Leos privatem Leben hat sich zu diesem Zeitpunkt einiges geändert. Bei einem Aufenthalt in der Jugendherberge in Sta. Maria im Münstertal mit Hans Malloth aus

Familie Jeker mit Isabella (links), 1968.

Lai da Rims,
Bild von Agnes Indermaur
für Leo und Isabella, 1984.

Davos hat er 1965 eine junge Frau namens Isabella Wüthrich kennengelernt.

«Wir waren im Münstertal, um am Stilfserjoch sommerskifahren zu gehen. Ich hatte mit meinem Kollegen aber abgemacht, auch mal zum Lai da Rims hinaufzusteigen, ich wollte diesen See sehen, der mir auf Fotos immer Eindruck gemacht hatte. Er mochte dann aber doch nicht mit, also zog ich alleine los. Isabella war mit zwei Kolleginnen, unter ihnen unsere spätere Brautführerin Marianne, genau zu dieser Zeit ebenfalls in der Jugendherberge, wir beide waren dort schon miteinander ins Gespräch gekommen, hatten uns gut verstanden – und nun war auch sie an diesem Tag mit ihren Freundinnen auf dem Weg zum See. So sind wir uns dann näher gekommen. Sie hat mich beeindruckt, sie war sportlich, sie mochte die Natur, und sie konnte so viele Sprachen, Französisch, Flämisch, Englisch, Spanisch, Italienisch. Sie hatte schon vor dem Start der Handelsdiplom-Ausbildung in Menzingen Sprachaufenthalte in London und Flandern absolviert. Dass wir uns in Sta. Maria überhaupt begegneten, war eigentlich ein totaler Zufall. Isabella hatte mit zwei Kolleginnen am Silsersee gezeltet, im Oberengadin, doch dann hatte es einen Wettereinbruch mit viel Regen gegeben, und sie mussten weg von Sils – nur deshalb kamen sie ins Münstertal. Es waren die Berge, die uns zusammenbrachten, auf Wanderungen zum Lai da Rims und am Ofenpass, aber auch beim Skifahren auf dem Stelvio-Gletscher.»

1969. Autoklebergeschichten

Heirat – «Mein Ziel Savognin» – Peter, Sue und Marc

Leo und Isabella heiraten 1969 – mitten in der zweiten grossen Bauphase in Savognin, Leo kommt fast nicht dort weg. Und er weiss: Nach dieser Investition brauchen die Bergbahnen eine einfache, aber gute Werbung. Das Skigebiet ist auf Frequenzen angewiesen. Doch wie bringt man die Leute ins Surses? Er macht sich schon frühzeitig mit einer Idee auf durch die Schweiz bis nach Zürich, St. Gallen und Basel. Der Plan: Er möchte in jedem durchfahrenen Kanton an den Hauptverkehrsachsen eine Tafel aufstellen können, auf der es heisst: «Ihr Ziel Savognin» – und anschliessend die noch verbleibende Anzahl Kilometer bis ins Skigebiet. Um zu zeigen: Es ist gar nicht so weit bis dorthin. Er wählt geeignete Standorte aus, klärt auf den Grundbuchämtern die Besitzverhältnisse. In Lachen im Kanton Schwyz erzielt er mit einer Familie eine Einigung, doch bei der Polizei stösst er mit seinem Anliegen auf taube Ohren. Erledigt, sagt er sich, es braucht einen anderen Plan. Als er sich wenig später mit Isabella zur Hochzeitsreise aufmacht, warnt er sie schon mal vor: Er müsse dann unterwegs das Marketingkonzept schreiben und die Details für die bevorstehende Eröffnung der neuen Anlagen festlegen.

Hochzeit von Leo und Isabella in der Dorfkirche oberhalb von Mastrils, 1969.

«Leo hat kontinuierlich neue Massstäbe gesetzt»

Leo Jeker ist nicht nur ein Freund und Wegbegleiter, sondern ein wahrer Pionier des Tourismus. Sein Name ist für immer mit zahlreichen Innovationen verbunden, die die Branche revolutioniert haben. Von der Errichtung der ersten europäischen Gross-Schneeanlage im Jahr 1978 bis zur Einführung der ersten Pauschalskiwochen der Schweiz hat Leo kontinuierlich neue Massstäbe gesetzt.

Seine Vision und sein unermüdlicher Einsatz haben nicht nur den Tourismus in Graubünden und die Region Surses, sondern die gesamte Tourismusindustrie geprägt. Die Einführung des ersten automatischen Schnee- und Pistenberichts sowie die Etablierung des ersten bargeldlosen Ferienorts Europas im Jahr 1977 sind nur einige Beispiele für Leos Innovationskraft.

Darüber hinaus war er massgeblich an der Entwicklung weiterer wegweisender Projekte beteiligt, darunter die Mitinitiierung der Kombianlage Badesee und Winterparkplatz in Savognin als Weltneuheit. Seine Fähigkeit, die Herausforderungen im Tourismus frühzeitig zu erkennen und innovative Lösungen zu entwickeln, hat die Destination Savognin zu einem Vorreiter in der Branche gemacht.

Die Eröffnung des Trendhotels «Cube» im Jahr 2005 oder der Ferienresidenz Surses Alpin im Jahr 2006 sind nur zwei weitere Beispiele für Leos kontinuierliche Bemühungen, den Tourismus in Savognin voranzutreiben. Sein Engagement hat nicht nur zu einem Anstieg der Gästenächtigungen und Ersteintritte bei den Savogniner Bergbahnen geführt, es hat auch dazu beigetragen, die Region als attraktives Reiseziel zu positionieren.

Ja, wir konnten in den letzten Jahrzehnten doch das eine oder andere bewegen. Und ich erinnere mich noch gut daran, wie ich zusammen mit Leo an zahlreichen Podiumsdiskussionen in Österreich, Deutschland und Südtirol über Tourismus und Sport in den Alpen gesprochen habe, insbesondere über das Thema Beschneiung. Unvergessen auch, wie wir gemeinsam mit Dr. Reinhard Böhm von der österreichischen Zentralanstalt für Meteorologie und Geodynamik, einem der bedeutendsten Klimaforscher der Welt, in Fiss-Ladis bereits Anfang der 2000er-Jahre über die Klimaänderung und Klimavariabilität diskutierten, über die Rolle der Schneeanlagen in Zusammenhang mit der Entwicklung der Vegetation und darüber, wie Leo die damals erste Grossschneeanlage baute – und wie wir ihn gemeinsam überzeugen konnten, dass das die Zukunft ist.

Man bezeichnet Leo als «Schneepapst», er wurde Seilbahner des Jahres und man verlieh ihm 2006 den Schweizer Tourismuspreis «Milestone» für sein Lebenswerk. Das unterstreicht einmal mehr seine beeindruckende Kompetenz, sein Know-how, seine Weitsicht und nicht zuletzt auch seine Leidenschaft. Seine unermüdliche Arbeit und sein innovativer Geist haben die gesamte Branche nachhaltig beeinflusst. Leos Fähigkeit, frühzeitig neue Wege zu gehen, hat ihm nicht nur zahlreiche Auszeichnungen eingebracht, sondern auch das Vertrauen und die Anerkennung der Tourismusgemeinschaft weltweit. Leo ist mehr als nur ein visionärer Unternehmer – er ist ein Wegbereiter, Tourismusförderer, ein Pionier, dessen Vermächtnis weit über seine Zeit hinausreichen wird.

Als Freund und Wegbegleiter bin ich dankbar für seine Inspiration und seinen unermüdlichen Einsatz zugunsten der Tourismusentwicklung. Unsere gemeinsamen Bemühungen haben nicht nur Savognin, sondern die gesamte Alpenregion geprägt und werden noch lange nachhallen.

Leo, Dein Beitrag wird Generationen von Tourismusfachleuten dazu inspirieren, Grenzen zu überschreiten und neue Wege zu gehen. So, wie wir das gemacht haben. Danke für die unzähligen Momente der Zusammenarbeit, die uns beide geprägt haben, und für deine grossartige Freundschaft.

Prof. Peter Schröcksnadel, Innsbruck
Weggefährte. Unternehmer,
Präsident des Österreichischen Skiverbands
von 1990 bis 2021, Präsident der European
Ski Federation von 2009 bis 2012,
2021/22 Vizepräsident des Internationalen
Skiverbandes FIS

«Wir gingen auf Kreuzfahrt im Mittelmeer. Isabella hatte sich eine Reise ans Schwarze Meer gewünscht. Und als wir uns in Triest einschifften, sah ich da dieses ganz neue Auto, einen Fiat. Mit einem Aufkleber auf dem Heck: ‹Il mio nome è Fiat 124›. Da sagte ich zu Isabella, jetzt hab ich's. Wir machen einen Autokleber: ‹Mein Ziel Savognin›, fertig. Wenn die Kantone unsere Strassenschilder nicht wollen, dann kleben wir unsere Botschaft halt auf die Autos. Ich habe mit Zetteln gleich mögliche Grössen getestet, Grafiker Albi Brun eine Nachricht geschickt und um Vorschläge gebeten. Das hat geklappt. Auf See habe ich das Werbekonzept entworfen. Als wir von der Reise zurückkamen, hatte Brun schon erste Entwürfe parat. Ich habe Gas gegeben und Tobias Kuoni informiert, ich bräuchte 2400 Franken für 1000 Stück, er solle doch im Verwaltungsrat die Erlaubnis einholen. Am Abend kam er zurück, ich war noch im Büro, und teilte mir mit, es tue ihm leid, aber der Verwaltungsrat wolle das nicht. Da habe ich ihn angeschaut und gesagt, ja Herrgott, Herr Kuoni, bringen Sie das nicht durch? Losed Sie, ich mache das selber, auf eigene Kosten. Am nächsten Tag habe ich den Auftrag für den ersten für einen Ort werbenden Autokleber der Schweiz erteilt. Isabella habe ich erst im Nachhinein davon erzählt: Du, die 2400 Franken müssen wir dann noch bezahlen. Ja, ob ich denn nicht verrückt sei? Nein, ich sei überzeugt, das sei eine gute Sache, habe ich geantwortet. Und tatsächlich waren die Kleber blitzartig weg. Wahnsinn, wie gut die angekommen sind. Und billigere Werbung gibt's ja nicht – unsere Gäste machen sie schliesslich für uns! Ich habe auf dem Parkplatz in Savognin jedem Auto einen

Auch 55 Jahre nach der Erfindung ziert der Savognin-Kleber noch viele Autos – selbstverständlich auch Leos Volvo.

Kleber unter die Scheibe gesteckt, und fast alle haben ihn verwendet. Das hat dem Verwaltungsrat offenbar Eindruck gemacht, denn plötzlich hat Jean D. Arnet bei mir im Büro angerufen und gesagt: ‹Herr Jeker, wir haben einen Fehlentscheid getroffen. Lassen Sie sofort 10 000 dieser Kleber nachdrucken. Ihr Geld bekommen Sie zurück.› Später hatte ich dann noch die Idee, zu einem bekannten Schweizer Autoimporteur zu gehen, direkt zum Chef. Der Deal wäre gewesen: Wir geben für Leute, die ein Auto kaufen, Gratis-Tageskarten ab, dafür wäre es gut, wenn die dann unseren Kleber auf dem Fahrzeug hätten. Grad so gehe das nicht, hat er mir gesagt. Aber er könne den Kleber den Leuten gezielt mitgeben und sie selber entscheiden lassen, ob sie ihn verwenden wollten oder nicht. Und auch da haben ihn viele aufgeklebt. Es gibt ihn übrigens im Grunde heute noch, auch wenn er nicht mehr aktiv verteilt wird. Die ‹Ur-Savognin-Fans› wollen einfach ‹Mein Ziel Savognin›. Ich habe den Kleber selbstverständlich auch noch auf dem Auto. Insgesamt waren weit mehr als eine Million solche Kleber im Umlauf.»

Der bald weit herum bekannte Slogan wird einige Jahre später auch zu musikalischen Ehren kommen: Leo lernt das legendäre Schweizer Gesangstrio Peter, Sue und Marc kennen – und fragt die drei, ob sie bereit wären, einen Song für Savognin einzuspielen. Sie sind einverstanden. Das Stück, das auf Schallplatte gepresst wird, heisst «Savognerlied», und im Refrain hört man selbstredend «Ja, mein Ziel heisst Savognin». In den Strophen singen Peter, Sue und Marc Zeilen wie «Abends sitzen wir in der Bar/und träumen davon, wie schön es war/wie schön die Sonne heute schien/so schön wie nur in Savognin». Bei einem Fest in Tigignas wird die Komposition uraufgeführt. «Das ist bei den Leuten wunderbar angekommen, speziell in der Region», erinnert sich Leo. Es wird übrigens nicht das letzte Lied für Savognin bleiben – 2007 komponiert der Bündner Ländlerkönig Peter Zinsli den «Savogniner Schneemacher-Schottisch», gespielt von der Kapelle Stelser Buaba, und widmet ihn ausdrücklich Leo.

1970. Hauskaufzuschlag

«Spiel ohne Grenzen» – Plötzlich Immobilienbesitzer – Prokura bei der Nandrò AG – Ein Boxkampf

Aber zurück in den Sommer des Jahres 1970. Er bringt für das junge Ehepaar Jeker ein einmaliges Erlebnis, an das sich Isabella und Leo später gerne zurückerinnern werden. Am 22. Juli findet auf der Île de la Barthelasse in Avignon, im Olympischen Schwimmbad, die vierte Runde des «Spiels ohne Grenzen» statt. Die live im Fernsehen übertragene, sprachenübergreifende und Völker verbindende Show mit

Isabella vor dem 1970 erworbenen Haus in Zizers, 2002.

Geschicklichkeitsspielen ist in den 1960er- und 1970er-Jahren ein Fixpunkt der grossen TV-Unterhaltung. Mit dabei sind in diesem Jahr sieben europäische Länder: Belgien, Deutschland, Frankreich, Grossbritannien, Italien, die Niederlande und die Schweiz – bei der Runde in Avignon vertreten durch ein 28-köpfiges Team aus dem Bündner Bergdorf Savognin, was dort etwa fünf Prozent der Dorfbevölkerung entspricht, wie man während der Übertragung erfährt. Kommentator im Schweizer Fernsehen ist der legendäre Werner Vetterli, ein Bekannter des späteren Disentiser Bergbahnchefs Urs Häfliger, zu dieser Zeit technischer Leiter der Nandrò-Bahnen. Diese gehören auch zu den Sponsoren der Savogniner Mann- und Frauschaft.

«Das Team aus Savognin hatte ein Problem. Es gab nicht genügend Leute in der Mannschaft, die gut schwimmen konnten. Isabella war aber sehr gut in diesem Sport, sie hatte das Brevet als Rettungsschwimmerin. Und so ist sie dann eingesprungen, auch wenn sie keine Savognerin war. Wir konnten gemeinsam nach Avignon reisen, denn ich durfte mit. Vor dem ‹Spiel ohne Grenzen› mussten wir in Avignon übernachten. Aber von Schlaf konnte keine Rede sein – in der Unterkunft hatte es Wanzen … Wir mussten dann das Hotel wechseln. Das Team aus Savognin kam am Tag des Spiels immerhin auf den vierten Rang. Und Isabella hatte eine Riesenfreude, dass sie mitmachen durfte.»

Im selben Jahr bekommt Leo einen unerwarteten Anruf von der Sarganserländischen Bank. Am Draht ist Oswald Bigger, Leo kennt ihn über die Arbeit bei Tobias Kuoni. Der Bankchef hat einen Tipp für ihn.

«Es ging um die Möglichkeit, aus einem Konkurs ein einstöckiges Haus mit Flachdach an der Schlundstrasse in Zizers zu übernehmen. Das wäre vielleicht etwas für euch, hat Oswald Bigger gemeint. Aber ihr müsst rasch handeln, morgen Nachmittag ist die Versteigerung. Das sei jetzt doch etwas schwierig, habe ich geantwortet, meine Frau Isabella sei gerade an einer Weiterbildung in Deutschland. Schau halt mal, fand Oswald Bigger. Aber ich konnte Isabella telefonisch tatsächlich nicht erreichen, es gab ja noch keine Mobiltelefone damals. Also habe ich Tobias Kuoni um Rat gebeten. Er fand, du, da musst du nicht lang studieren, und wenn du Rappen brauchst, leihe ich sie dir. Er hat mich finanziell abgesichert. Ich bin dann mit Oswald Bigger an die Versteigerung gegangen, habe mitgeboten – und tatsächlich den Zuschlag bekommen, bei 150 000 Franken. Zwei Tage später ist Isabella nach Hause gekommen. Du, habe ich gesagt, ich habe eine Überraschung … Wir haben jetzt ein Haus. Da war sie im ersten Moment schon sprachlos. Schockiert. Und hat dann gemeint, bist du denn nicht

verrückt, das geht doch nicht. Doch, das geht, der Tobias hilft uns! Wie auch immer, schlussendlich war sie einverstanden. Was mich damals beeindruckt hat: Es gab einen Mitbieter, ein Immobilienhändler war das, ich kannte ihn nur vage. Und der hat mir den Vortritt gelassen. Nach der Versteigerung ist er zu mir gekommen und hat gesagt: Ich hatte einfach den Wunsch, dass Sie zu diesem Haus kommen, und habe nicht weiter mitgeboten. Ein Glück für uns, denn ich hätte gar nicht mehr höher gehen können. In den ersten Jahren haben wir das Haus vermietet, wir hatten ja seit 1970 unsere erste gemeinsame Wohnung an der Schulstrasse in Landquart. Erst im Juli 1975 sind wir selber ins Haus gezogen. Unsere ersten eigenen vier Wände. Im Jahr 1984 haben wir es dann gleichzeitig mit unserem Nachbarn noch aufgestockt.»

Ebenfalls 1970 erlangt Leo die Prokura bei der Nandrò AG und ist nun voll für die Savogniner Bergbahnen tätig, ab 1971 als Vizedirektor der Gesellschaft. Administration, Verwaltung und Marketing sind erstmals nicht mehr komplett ins Advokaturbüro Kuoni integriert, vorbei ist die Zeit, als die Bergbahnaufgaben im Nebenamt und sehr oft an Samstagen und Sonntagen mit Sitzungen in Savognin erledigt werden müssen. Beim Marketing gilt weiterhin die Devise der Gründerjahre: mit möglichst wenig Aufwand eine möglichst grosse Wirkung erzielen. Die Werbemittel der Unternehmung sind sehr beschränkt, also müssen es einfache Aktionen sein, die keine grossen direkten Kosten verursachen.

Eine Werbekampagne der Nandrò-Bahnen aus den 1970er-Jahren.

«Die ersten Inserate haben Tobias Kuoni und ich 1962 noch selber gemacht, er und ich als Schnuder-

bueb, als Lehrling in der Advokatur. Mach ein paar Stichworte und gestalte es ein bisschen, hiess es dann. Und: Wir haben nur Einspaltergeld! Immer haben wir einspaltige Anzeigen in der Zeitung geschaltet.»

Eine günstige Gelegenheit für Savognin-Werbung wittert Leo, als er 1972 von Boxsport-Kommentator Ernst Hui und Manager Charly Bühler angefragt wird, ob die Bergbahnen einen Kampf sponsern würden. Nicht irgend einen: Der Spanier Kid Romero soll gegen den Berner Fritz Chervet antreten, den seinerzeit berühmtesten Schweizer Boxer im Fliegengewicht. Für Chervet geht es um nicht weniger als die Verteidigung des Europameistertitels. Leo sagt, da machen wir mit. In der zur Boxkampfarena umfunktionierten Allmend-Eishalle in Bern ist schliesslich der Slogan «Mein Ziel Savognin» prominent auf dem Boden des Rings zu sehen, als Kid und Fritz gegeneinander antreten.

«Am Vormittag holten wir Romero am Flughafen Zürich ab, mit meinem Auto, denn Hui konnte wegen Ausweisentzugs nicht selber fahren. Wir mussten pressieren, Tempo machen. Als wir dann in Bern ankamen, meinte Hui, er sei schon froh, habe alles geklappt. Eine Versicherung habe er für Romero nämlich nicht mehr abschliessen können.»

Chervet gewinnt schliesslich den Kampf über 15 Runden nach Punkten. Rund 5000 Zuschauerinnen und Zuschauer sind in der Eishalle, und natürlich wird das Ereignis auch im Fernsehen übertragen. Beste Werbung für Savognin.

1973. Familienzuwachs

Geburt von Björn – Reisen in den Norden – Verhör in Smolensk

1973 bekommt die Familie Jeker erstmals Nachwuchs: Sohn Björn kommt auf die Welt, vier Jahre später wird Ivar folgen, der zweite Sohn von Isabella und Leo. Zwei eher ungewöhnliche Vornamen für eine Bündner Familie, das gibt auch Vater Leo zu. Aber natürlich steckt eine Geschichte dahinter.

«Meine Frau und ich sind schon früh gerne auf Reisen gegangen, oft auch in Zusammenhang mit meiner beruflichen Tätigkeit. Das liess sich vom Privaten vielfach kaum trennen. Egal wohin, sie war immer mit Begeisterung dabei. Grenoble, Chamonix, Schladming, Kitzbühel, Alta Badia. Am Häufigsten ging es aber nach Skandinavien – Dänemark, Schweden, Norwegen, Finnland. Insgesamt über 40 Mal, später auch mit den Kindern. Viel Zeit hatten wir jeweils nicht, deshalb fuhren wir Tempo Teufel die Nacht durch, auch aus Kostengründen. Mehrmals bis ans Nordkap, 1971 zum Beispiel im Auto via Deutschland, Polen, die Tschechoslowakei und die Sowjetunion. Schon für das Visum hatten wir drei Anläufe gebraucht. Und Isabella hatte extra Russisch gelernt. Aber es lief trotzdem nicht reibungslos. Vor Smolensk wurden wir kurzerhand von der Polizei verhaftet. Man nahm uns alle Dokumente weg, dann gab es ein Verhör im Rathaus, in einem grossen Saal mit Samtwänden und Fotos von Staatsoberhäuptern an der Wand, unter anderem vom damaligen Staatschef Leonid Breschnew. Isabella musste zwei Stunden lang im Auto auf dem Dorfparkplatz ausharren, während man mich befragte. Ich verlangte einen Dolmetscher, es war aber keiner auffindbar. Letztlich unterschrieb ich einen mehrseitigen Rapport in kyrillischer Handschrift; was darin stand, weiss ich bis heute nicht. Zum Schluss musste ich meinen Fotoapparat aus dem Auto holen und den eingelegten Film vor den Augen des Polizisten vernichten – dann endlich konnten wir weiter nach Minsk. Ich vermute, ich hatte einfach an einem unpassenden Ort eine Fotoaufnahme gemacht … Aber zurück zu den Namen unserer Kinder. Ich hatte damals schon Kontakt mit Seilbahnerkollegen in Skigebieten wie Åre und Sunne in Schweden oder Levi in Finnland und bin viele von ihnen besuchen gegangen. Da oben sind uns diese Namen aufgefallen, solche wie eben Björn der Bär, das hat Isabella Eindruck gemacht, und so war schnell klar, dass unser erster Sohn Björn Andreas heissen sollte, Andreas nach meinem Vater. Und dann gab es diesen be-

rühmten norwegischen Langläufer Ivar Formo, der hatte mehrere Olympiamedaillen gewonnen. Das wäre ein Name für den zweiten Buben, haben wir gefunden. Und die beiden sind übrigens sehr zufrieden mit ihren Vornamen.»

1976. Trunsertuchintermezzo

Einstieg bei der Truns AG – Verkauf an Otto Model – Erste Schneeanlagen-Pläne

Ein geografischer Sprung von Skandinavien hinauf in die Surselva, nach Trun. Trun? Es ist das Jahr 1976, Tobias Kuoni ist mittlerweile Mitglied der Bündner Regierung, und er trägt ein Anliegen an die Nandrò AG heran. Der Tuch- und Kleiderfabrik Truns geht es nicht gut, den Savogniner Bergbahnen hingegen bestens – könnten sie in Trun einsteigen und den für den Ort so wichtigen Betrieb retten? Der Verwaltungsrat erklärt sich nach eingehenden Gesprächen dazu bereit und erwirbt eine knappe Mehrheit an einer neu gegründeten Aktiengesellschaft. Für Leo beginnt eine herausfordernde Zeit.

«Früher war ich samstags und sonntags oft in Savognin, um dort zu helfen; im Winter hatten wir sowieso eine Sieben-Tage-Woche. Da gab es gar nichts anderes, und Isabella kam dann mit, später mit den Kindern. Doch plötzlich stiess Trun dazu, und alles wurde schwieriger. Ich musste am Wochenende dort helfen gehen, quasi als Delegierter des Verwaltungsrats. Es hatte aber zum Glück zwei hervorragende einheimische Mitarbeiter, den kaufmännischen Leiter und den Buchhalter, das war eine grosse Hilfe. Auch der Gemeindepräsident von Trun und der Kanzlist haben uns sehr gut unterstützt. Schon relativ rasch haben wir gemerkt: Wir können die zwölf Schweizer Ladenstandorte der Truns AG nicht halten. Die haben wir deshalb 1977 an das schwedische Textilhandelsunternehmen H&M verkauft, Hennes und Mauritz. Einen Teil der Läden haben wir aufgelöst, weil H&M sie nicht weiterführen wollte. Das war auch eine meiner Aufgaben. Ich ging damals persön-

lich von Laden zu Laden. Ja, wir hatten eine breite Tätigkeitspalette bei Tobias Kuoni, von den Advokatur- und Rechtsgeschäften über die Bergbahnen bis hin zu Ladenschliessungen und Modefragen … Schon verrückt. Was die Läden angeht, mussten wir im Nachhinein sagen, es war der richtige Schritt. Das wäre nicht mehr gegangen. Verluste und Verluste. Wir haben die Truns AG dann neu ausgerichtet, es kam zu einer Konzentration auf Masskonfektion und Loden. Dafür hatten wir auch die nötigen Topfachleute. Wir haben Uniformen für Polizeikorps geschneidert, für die Swissair, für Musikgesellschaften, Jäger, und so weiter. Einmal habe ich sogar selber bei einer Modeschau der Truns AG mitgemacht, im Saal des Hotels ‹Drei Könige› in Chur. Ich durfte einen Wintermantel vorführen. So etwas hatte ich doch noch nie getragen. Auch Jean D. Arnet und Tobias Kuoni waren dabei. Am Schluss sagten sie mir, ich hätte das bestens gemacht – und schenkten mir den Mantel. Getragen habe ich ihn nie mehr, aber ich habe ihn bis heute aufbewahrt.»

Trun wird für die Savogniner Bahnen aber mit der Zeit doch zu einer Hypothek. Als es in den 1980er-Jahren darum geht, die Stammlinie auf den Piz Martegnas zu erneuern, muss Leo den Hauptaktionären sagen: Losend, beides geht nicht. Wir können nicht Savognin erneuern und Trun halten. Der Verwaltungsrat beschliesst, für die Aktien der Truns AG eine Käuferschaft zu suchen. Leo findet diesen Interessenten im Inhaber einer Firma für Verpackungsmaterial aus Weinfelden im Kanton Thurgau: Dr. Otto Model, ein Pate der Gemeinde Schlans bei Trun, ist nach längeren Gesprächen 1987 dazu bereit, gemeinsam mit der Gemeinde und der Elektrizitätswerk Bündner Oberland AG – sie ist involviert im Hinblick auf den Ausbau des örtlichen Kraftwerks Ferrera – bei der Truns einzusteigen und den Mehrheitsanteil der Savogniner Bahnen zu übernehmen. Diese können sich nun guten Gewissens von ihrem Nebenengagement lösen und die Kräfte auf Savognin konzentrieren. «Wir hätten sonst nie unsere eigenen Ausbauten machen können. Aber mit unserem Einsatz in Trun konnten wir in der Surselva mehr als 200 Arbeitsplätze retten.»

Zurück ins Surses, zurück ins Jahr 1975. Savognin ist inzwischen die erste Skistation der Schweiz mit automatischer Ticketkontrolle, Leo ist persönlich zu Skidata nach Salzburg gefahren, die Schreibmaschine im Gepäck, um gleich vor Ort eigenhändig den Vertrag aufzusetzen. Die Direktion ist überrascht und will das Dokument anfangs so nicht unterzeichnen, doch weil Leo hartnäckig bleibt und sagt, er fahre erst wieder nach Hause, wenn alles bereinigt sei, klappt es am folgenden Morgen doch noch.

Mitte der Siebzigerjahre taucht eine weitere Innovation plötzlich in der Skiwelt auf, sie ist klein, aber praktisch, Skirennfahrer wie Hansi Hinterseer oder Heini Hemmi benutzen sie: die Parablacks, Sicherheitsbügel, die auf die Ski montiert werden, um das gefährliche Kreuzen der Skispitzen während des Fahrens zu verhindern. Der Erfinder, Günter Schwarz aus Zürich, ist ein Savognin-Gast und Freund von Leo.

«Als er mit den Parablacks gekommen ist, habe ich gesagt, du, das ist eine Superidee. Wir haben sie dann in Savognin getestet, aber es hat nicht richtig funktioniert, sie sind ständig weggespickt. Im Frühling sind wir mit Skilehrer und Parsenn-Derby-Gewinner Marco Walli auf den Flüelapass und haben es dort im Schnee nochmals ausprobiert, da lief es besser. Anschliessend hat Günter Schwarz die Sicherheitsbügel zum Patent angemeldet, und es ging rasch aufwärts mit den Parablacks. Sie waren damals schon eine Hilfe. Aber sie sind auch wieder verschwunden – spätestens mit den modernen Carvingski brauchte man so etwas ja nicht mehr.»

Am Berg in Savognin läuft es eigentlich gut, aber eine klimatische Besonderheit der Region sorgt schon seit dem Bau der Anlagen für Probleme: die relative Niederschlagsarmut im Tal, bedingt durch die Lage in der Wetterscheide zwischen Nord und Süd. Fallen im Dezember die Niederschläge nicht grösstenteils in Form von Schnee, hat das in

«Leo hatte ein besonderes Gespür dafür, was Trainer und Athleten brauchen»

Über Leo Jeker, eine der grössten Persönlichkeiten im Schneesport, einen Beitrag für sein «Lebensbuch» zu schreiben, ist eine sehr anspruchsvolle Aufgabe. Sie kann aber auch als Ehre empfunden werden. Leo: ein Mann mit grossen Visionen im Schneesport. Mit besonderem Gefühl für Personal und die Skifamilie. Ich denke da zurück ans Jahr 1978, an die erste und grösste Beschneiungsanlage in Europa, erstellt dank Leo in Savognin. Nach der Inbetriebnahme dieser Anlage konnte man in Savognin immer auf bestens präparierten Pisten zu Tale fahren.

Diese Beschneiungsanlage bewirkte für mich als Trainer des Schweizer Skiverbands eine Wende. Man hatte in Savognin immer rennbereite, sehr gute Trainingspisten zur Verfügung. Wie zum Beispiel 1985, WM in Bormio. Zurbriggen Pirmin erlitt in Kitzbühel eine schwere Knieverletzung, die Wunderdoktor Berni Segesser zur «Wunderheilung» brachte. Im Hotel «Alpina» in Savognin, von Leo organisiert, fanden wir ein ruhiges und mit allen Möglichkeiten ausgerüstetes Hotel, um Pirmin und das gesamte WM-Technikteam bestens auf Bormio vorzubereiten. Mit dem Helikopter wurden die Athleten zu den offiziellen Trainings nach Bormio geflogen und nach dem Training wieder zurück ins Trainingsgebiet. Hin und her zwischen zwei Staaten.

Aber nicht nur für das Nationalteam hatte Leo ein gutes Gehör, nein, auch für das Regionalkader und die Nachwuchsmannschaften, danke, Leo. Wenn es Engpässe gab bei den Veranstaltungen, hatte Savognin dank der Schneeanlagen immer optimale Pisten bereit. Und Leo organsierte kurzfristig Rennen auf allen Stufen inklusive Weltcup. Ich kann mich erinnern, beim Weltcup der Herren in Val-d'Isère fragte mich der damalige Weltcup-Boss Serge Lang nach einem Ersatzort für ein Damen-Weltcuprennen. Ich habe Leo und Serge zu einem Meeting geladen. Leo reiste für dieses Gespräch von Savognin nach Val-d'Isère. Das Rennen war nach intensivem Gespräch zwischen den beiden Herren in kurzer Zeit nach Savognin vergeben. Und dank Leo und seinem Team wurde es bei Superverhältnissen durchgeführt. Als Dank dafür habe ich bei FIS-Rennen in Savognin wann immer möglich Athleten aus höheren Kadern nominiert, um so dem Wert und der Anerkennung für die Rennen wie auch für die Trainingsstation Ausdruck zu verleihen.

Für junge Athleten und Teams hatte Savognin auch das «Camp turistic» als günstige Unterkunft bereit. Allen Teams wurden gute Möglichkeiten geboten. Leo hatte ein besonderes Gespür dafür, was Trainer und Athleten brauchen. Er war am Tag auf der Piste bereit, unsere Wünsche anzuhören und umzusetzen. Und am Abend im Hotel für ein solides Analysegespräch, um für die Zukunft neue Ideen und Impulse zu setzen. Ich habe vieles von Leo gelernt und bin ihm dankbar für seine Unterstützung. Er hat so manches zu den grossen Erfolgen von Swiss-Ski beigetragen.

«Kommt mir Ski und Schnee im Sinn, denk ich an Leo und Savognin!»

Karl Frehsner, Dietikon
Ehemaliger Herren-Cheftrainer
beim Schweizer Skiverband

“Vorausschauen. Vorausgehen.
Motivieren. Allianzen schmieden.
Leo Jeker”

“Nicht zu viel reden, nicht zu viel fragen
– machen und machen lassen!
Leo Jeker”

der unteren Sektion zu Beginn und am Ende der Skisaison Schneemangel zur Folge. Kommt es dann noch zu Föhnphasen, apern die Pisten für die Rückkehr ins Dorf früh aus – zu früh. Mit zweierlei Folgen: Ist die Talabfahrt noch offen, kommt es wegen des knappen Schnees zu Flurschäden für die Landwirtschaft; ist sie geschlossen, müssen die Gäste in Tigignas unerträgliche Wartezeiten in Kauf nehmen, denn vor dem Sessellift stauen sich die für die Talfahrt anstehenden Leute. Ein Zustand, der manchmal bis in die abendliche Dunkelheit andauern kann. Und für negative Publicity sorgt. Dabei hat man sich doch gerade erst pionierhaft als bargeldloser Ferienort positioniert und dafür Zahlungen per American-Express-Kreditkarte eingeführt, eine publicityträchtige Premiere in Europa. Wie aber die vom zeitweisen Schneemangel bedingten Probleme beseitigen? Soll man wegen des Rückfahrstaus eine komplett neue Transportanlage Savognin-Tigignas mit einer viel grösseren Kapazität errichten? Nein, Leo hat eine andere Idee, eine Vision: Er will statt des Neubaus eine Beschneiungsanlage realisieren. In einer Dimension, die für Europa bis zu diesem Zeitpunkt ihresgleichen sucht. Allerdings: Schon die ersten Tests mit einer Hochdruck-Schneekanone bei der Talstation der Sesselbahn fallen im Winter 1974/75 negativ aus, aus dem Gerät strömen nur Wasser und Eisscherben.

«Das hat Verwaltungsrat und Betriebsleitung demoralisiert. Das wird nichts, haben wir gedacht, das ist nichts Gescheites. Aber mir hat die Idee trotzdem keine Ruhe gelassen. Ich war überzeugt, wir müssen das Schneemachen weiterverfolgen. Ich wusste, weltweit läuft schon so einiges in diesem Zusammenhang, und ich habe mir dann mehrere solche Orte angeschaut. In Sunne zum Beispiel wurden ein paar hundert Meter mit Kanonen von Larchmont beschneit, das liess ich mir erklären. In der Schweiz gab es Hans Schoch am Bömmeli im Appenzellischen, ich hatte gehört, er habe zwei Kanonen im Einsatz. Auch er hat mir alles gezeigt. Mit Isabella bin ich nach Frankreich gefahren, nach Flaine, da gab es ebenfalls ein paar Schnee-

Erzeuger, alles oberirdisch installiert. Dasselbe in den USA und in Kanada, auch da bin ich hin, wir sind erschrocken, die Kompressoren standen im Freien, daneben Öllachen, es war ein Riesenlärm, und auch die Leitungen zu den Kanonen waren oberirdisch am Rand der Pisten verlegt. Ein grausiger Anblick.»

1977. Schneekanonensuche

Vergleichsmessen in Engelberg – Besuch von Joe Tropeano – Überzeugungsarbeit im VR

Im Januar 1977 findet in Engelberg im Kanton Obwalden das erste Vergleichsmessen von Schneeerzeugern statt, organisiert von der Fachzeitschrift «Motor im Schnee» und Hans Dieter Schmoll. Die schlechten Erfahrungen mit dem Test im eigenen Skigebiet führen dazu, dass von Savognins Verwaltungsrat und Betriebsleitung niemand dazu gewillt ist, hinzureisen – ausser natürlich Leo. Er fährt mit Isabella und Björn in die Innerschweiz.

«Ich hätte vom Betrieb jemanden mitnehmen wollen. Ich hatte schon damals die Vision: Entweder machen wir etwas Grösseres oder gar nichts. Aber als ich dem damaligen technischen Leiter vom Vergleichsmessen in Engelberg erzählt habe, hat der mich nur angeschaut und gesagt, dera huara Saich bruchen miar nit. Ich habe ihm dann erklärt, doch, ich würde hingehen, man müsse das ernst nehmen. In Engelberg hatten sie aber Pech mit den Temperaturen. Die verwen-

An der Messe Snow 77 mit «Geissenpeter» Stefan Arpagaus und Ivo Matzig (rechts), 1977.

deten Feuerwehrschläuche waren undicht, die Gemeinde bewilligte einen Wasserbezug nur alle zehn Minuten, und produziert wurde ausschliesslich Pflutsch. Das hielt die Hersteller allerdings nicht davon ab, mit ihren technischen Errungenschaften zu prahlen. Ich fasste dann einen Vorsatz: Ich gehe nicht nach Hause, bevor ich nicht die Beschneiung gesehen habe. Also haben wir in Engelberg geschlafen. Um 1.30 Uhr konnten die Veranstalter immerhin einen Film auftreiben, in dem die Beschneiung zu sehen war. Und später in der Nacht klappte es dann plötzlich doch mit der Schneeproduktion. Am besten gefiel mir das Hochdruckmodell von Larchmont. Ich war beeindruckt, ich fand, das muss auch bei uns klappen. Ich konnte schliesslich optimistisch Unterlagen und Grobofferten einholen. Wir fuhren mit vielen Ideen nach Hause. Und der Slogan ‹Savognin schneit für Sie› war auch bald geboren.»

Im Sommer 1977 kommt dank der Vermittlung von Larchmont-Europavertreter Sture Henningsohn illustrer Besuch aus den USA nach Savognin: Joe Tropeano, der Erfinder der technischen Schneeerzeugung, reist an. Gemeinsam mit Leo schreitet der Larchmont-Chef aus Pennsylvania das Gebiet bei Savognin ab, sie schauen sich die Situation genauestens an und diskutieren über die Herausforderungen. Leo kann nicht Englisch, Tropeano nicht Deutsch, aber Isabella hilft als Dolmetscherin. Eine der wichtigsten Feststellungen versteht der Vizedirektor allerdings auch ohne Übersetzung: «You need a lot of water, water, water!» Die beiden begutachten den Verlauf der Julia bis nach Tinizong, legen den Standort der künftigen Wasserfassung mit Pumpstation fest – sie wird später genau dort realisiert, wo es die beiden an diesem Tag besprochen haben.

Im Herbst 1977 kontaktiert Leo bereits Georg Ragaz, Leiter der Abteilung Natur und Landschaft im Amt für Natur und Umwelt Graubünden. Man trifft sich zu einem Augenschein in Savognin, Leo zeigt Ragaz unter anderem Bilder von Beschneiungsanlagen in Skandinavien und den USA – mit oberirdischen Leitungen und freistehenden

Kompressoren. Als Leo den Kantonsvertreter nach Empfehlungen für einen möglichst umweltverträglichen Bau der Anlage in Savognin fragt, meint dieser: «Alles unterirdisch verlegen und im Sommer darauf achten, dass die Kanonen garagiert werden und die Schächte ebenerdig sind.» Diese Empfehlungen werden später bei der Planung und Umsetzung konsequent berücksichtigt.

Leos nächste Aufgabe: Er muss die Stammaktionäre, den Verwaltungsrat und die Geschäftsleitung für seine Schneeerzeugungspläne gewinnen. In vielen Einzelgesprächen gelingt es ihm schliesslich, halbwegs Akzeptanz für das Projekt zu erreichen. Wobei ein schlechter Saisonstart dabei auch noch mithilft. Immer noch mit einiger Skepsis wird die Erarbeitung eines Detailprojekts bewilligt. Als externer Hydraulikingenieur wird Reidar Hegland aus Chur zugezogen. Mit ihm und Henningsohn werden die Bergbahnen eine Ingenieursgemeinschaft bilden.

«Der technische Leiter war immer noch dagegen. Aber ich habe mit den Gründern und Verwaltungsräten geredet und konnte sie überzeugen. Mit Jean D. Arnet war ich gerade an der Rechnungsrevision in Landquart dran, das war im Herbst 1977, und da sagte ich ihm, ich hätte da ein Anliegen. Ich sei beeindruckt vom Einsatz von Schneekanonen und sei mir schon Verschiedenes anschauen gegangen. Wir müssten doch auch etwas machen. Aber etwas Rechtes, von Savognin bis sicher in die Mitte der zweiten Sektion. Zuerst hat er kein Wort gesagt. Hat nur geraucht wie ein Bürstenbinder, ist um den Tisch gelaufen und hat geraucht, geraucht, geraucht. Immer noch nichts gesagt. Und dann plötzlich: Sie, das müssen wir machen. Gut, und Tobias Kuoni? Ja, machen Sie das mal. Tobias Kuoni hat anfangs die Hände verworfen und gefunden, bist du denn nicht wahnsinnig, jetz spinnsch – ich sehe ihn noch heute vor mir. Da müsse er eine Nacht darüber schlafen. Jaja, sicher, das ist ja schon eine verrückte Sache, habe ich gesagt. Aber auch: Ohne das braucht ihr mich nicht mehr. Am nächsten Morgen hat er dann angerufen: Du, also, geschlafen habe ich

diese Nacht nicht. Ohalätz, dachte ich schon. Aber er: Ja, du hast recht, wir müssen das machen. Dann bin ich zu Reto Kirschke, zu Sebastian Stuppan, zu Leza Spinatsch, jedem habe ich die Sache einzeln dargelegt. Das war mir wichtig.»

1978. Beschneiungsbaustart

Trip nach Sunne – Gespräche mit Alpkorporation und Landwirten – Zustimmung der Gemeinden – Realisierung der Schneeanlage – Erstes Schneemachen

«Bald danach, im Januar 1978, hatten wir die Gelegenheit, auf Besichtigungstour ins schwedische Sunne zu reisen, wo ein paar Larchmont-Kanonen im Einsatz standen. Reto Kirschke musste einige gebrannte Wässerchen zu sich nehmen, dann konnten wir im Privatjet nach Karlstad starten. Mit dabei waren unter anderen auch Tobias Kuoni, der zu dieser Zeit ja in der Regierung war, und Verwaltungsratspräsident Dr. Andreas Kuoni, der Bruder von Tobias. Sogar unser technischer Leiter konnte sich diesmal nicht drücken. Wir sind dann in Sunne mit dem dortigen Chef Sven Henrikkson fast die ganze Nacht im

Feuertaufe der Schneeanlage, 1978.

Skigebiet herumgestolpert und haben die Anlagen angeschaut. Andreas Kuoni hatte damals schon Mühe beim Gehen und benutzte einen Stock. Dass der technisch produzierte Schnee in Sunne der Spitze dieses Stocks widerstand, hat meine Hoffnung steigen lassen. Das sei eben der Vorteil dieses Schnees, meinte ich: dass er so kompakt sei. Tobias Kuoni hat schliesslich noch vor Ort die Garantiebestimmungen formuliert, die von Henningsohn wohl oder übel akzeptiert werden mussten.»

Leo bleibt noch zwei Tage länger in Schweden und komplettiert mit Sture Henningsohn gemäss Tobias Kuonis Vorgaben die ersten Werkvertragsentwürfe. Andreas Kuoni kümmert sich derweil um die Entwürfe für den Wasserbezugsvertrag und die Durchleitungsrechte inklusive Beschneiungsrecht. Leo regt an, den Landwirten die Möglichkeit einzuräumen, die Beschneiungsleitungen im Sommer für die Bewässerung zu nutzen. Dann werden die Gespräche mit der Alpkorporation Val Nandrò, mit den Landwirten und den Gemeinden aufgenommen. Der Alppräsident erweist sich als positiv eingestellt, er befürwortet die Beschneiungsidee, nicht zuletzt angesichts der zunehmenden Flurschäden durch Skifahrende und Pistenmaschinen in der unteren Sektion. Ein Umstand, der auch Leo selbst schmerzt, der ja als Sohn eines Metzgermeisters in einem landwirtschaftlichen Umfeld aufgewachsen ist. Er findet längst: So kann es nicht weitergehen, ein Argument, das zuvor schon beim Verwaltungsrat seine Wirkung nicht verfehlt hat. Im April, noch vor dem Unterschreiben der Verträge, reist Leo dann mit den betroffenen Bauern in einem Bus nach Urnäsch zu Hans Schoch, der ein weiteres Mal vom Schneemachen erzählt – Informationen aus erster Hand.

«Er hat uns mit Begeisterung alles erklärt und Fragen beantwortet. Unsere Landwirte waren beeindruckt, denn dank der Beschneiung gab es am Bömmeli-Skilift keine Pistenschäden mehr, und bewässert waren die Flächen mit dem Schnee auch schon. Es waren keine Nachteile erkennbar. Nach diesem Ausflug haben alle Bauern die Verträge

Mit Heini Hemmi bei der Eröffnung der Schneeanlage, 1978.

mit uns unterschrieben. Sowieso waren wir immer absolut konsequent, wenn es um die Landwirtschaft und die Alpkorporation Val Nandrò ging. Das war mein grösstes Anliegen, das war für mich zentral. Wenn wir Pläne hatten, habe ich immer zuerst mit den Leuten von der Korporation geschaut, was sie dazu meinen, ob sie es unterstützen würden und was wir beachten müssten. Ich war rund um die Uhr für sie erreichbar. Wenn sie am Abend um 19 Uhr eine Sitzung für den folgenden Morgen wollten, dann klappte das. Und wenn ein Landwirt ein Anliegen hatte, habe ich gesagt, los, da helfen wir. Dafür lief es dann umgekehrt, wenn wir ein Anliegen hatten, genauso problemlos. Auch bei der Beschneiung hatten wir ein wahnsinniges Tempo drauf. Man muss sich das mal vorstellen. Im Vergleich zu heute haben wir damals in einer Blitzzeit alles durchgebracht.»

Auch bei den Gemeindeversammlungen: Rasch erfolgen die nötigen Zusagen der involvierten Territorialgemeinden Savognin, Parsonz und Riom zu den Wasserbezugsrechten, den Durchleitungsrechten, den Beschneiungsrechten. Nachdem auch die Zustimmungen der Landeigentümerschaften vorliegen, nimmt das Unternehmen mit der Graubündner Kantonalbank Kontakt auf. Dort findet man die Investition hoch und die Idee verrückt, dennoch wird das Begehren dem Bankrat unterbreitet – mit positivem Ergebnis, ein Kredit von 3,4 Millionen Franken wird gewährt, da die Nandrò-Bahnen kaum eigene Mittel haben. Bereits bestellt sind auch die Kompressoren für die Schneeanlage, Leo hat dazu die Firma Tamrock im westfinnischen Tampere besucht und einen Werkvertrag für fünf leistungsstarke Geräte abgeschlossen. Die Tamrock-Produkte gelten zu dieser Zeit als die weltweit besten ihrer Art. Am 12. Juli 1978 ist Baubeginn in Savognin. Geleitet wird das Projekt von einer Ingenieurgemeinschaft, zu der Reidar Hegland und Boni Uffer, Sture Henningsohn mit Thorvald Sverdrup sowie die Nandrò AG gehören, vertreten von Leo Jeker, Jörg Bregenzer und Teias Wasescha.

Zwei Dinge wissen zu diesem Zeitpunkt nur wenige Personen. Mit Reidar Hegland hat Leo – gegen den anfänglichen Widerstand des Ingenieurs – abgemacht, dass die Leitungsdimensionen der Schneeanlage für eine spätere Beschneiungserweiterung bis hinauf zum Piz Martegnas ausreichen müssen. Das darf nirgends in die Papiere, Leo wagt es nicht, diese Pläne schon dem Verwaltungsrat zu verraten. Aber er will möglichst vorausschauend agieren, ganz in der

Kerngruppe des Beschneiungsprojekts: Thorvald Sverdrup, Jörg Bregenzer, Reidar Hegland, Teias Wasescha, Boni Uffer, Leo Jeker (von links), 1978.

Art der Nandrò-Gründer, von denen er, wie er immer wieder betont, viel gelernt hat. Und dann gibt es da noch dieses Schreiben an Robert Lembke in München, das Leo schon im März 1978 abgeschickt hat, ohne jemandem etwas davon zu sagen. Lembke? Genau: der Moderator der zu dieser Zeit dank der ARD auch in der Schweiz enorm populären Sendung «Was bin ich?» des Bayrischen Rundfunks.

«Ich habe damals, also noch vor den Beschlüssen zum Bau und Betrieb unserer Schneeanlage, bei Lembkes heiterem Beruferaten den neuen Beruf Schneemacher angemeldet. Ein Risiko. Aber ich war überzeugt davon, dass es diese Aufgabe bald bei uns geben würde. Natürlich durfte ich von der ganzen Sache niemandem etwas verraten.»

Spätestens beim Baustart der ersten Grossschneeanlage Europas ist klar: Der Beruf des Schneemachers wird in Savognin tatsächlich in wenigen Monaten eingeführt werden. Das Wetter allerdings spielt verrückt während der Realisierungsphase. Im August, als in der ersten Sektion bereits die Leitungsgräben ausgehoben werden, kommt es zu einem Wintereinbruch, plötzlich liegen rund 60 Zentimeter Neuschnee auf den Wiesen, schon fast eine Ironie. Die Arbeiten müssen aus Sicherheitsgründen eingestellt werden, aber natürlich nur vorübergehend, der Schnee ist relativ rasch wieder weg. Letztlich werden von Savognin via Tigignas bis nach Fugna drei Leitungen erstellt, die rund 650 Höhenmeter überwinden: für Wasser, Druckluft und Strom. Ausserdem entstehen zwei Pumpstationen, die fünf Kompressoren von Tamrock werden installiert und 60 Zapfstellen für Wasser sowie Druckluft eingerichtet. Die Leute auf der Baustelle geben alles,

Heini Hemmi und Leza Schmid (rechts) testen eine Schneekanone, 1978.

schuften teils Tag und Nacht in den Gräben. Bis alles bereit ist für die 22 mobilen Schneekanonen von Larchmont, die in Zukunft die Beschneiung im Gebiet der ersten Etappe sicherstellen sollen.

Die Medien bekommen lange Zeit nicht Wind von den Vorgängen am Savogniner Berg. Bis eines Tages Hanspeter Lebrument, zu dieser Zeit Chefredaktor der «Bündner Zeitung», auf dem Weg vom Engadin nach Chur durch das Dorf fährt und sieht, dass am Hang vis-à-vis offensichtlich etwas Ungewöhnliches gebaut wird. Kurz darauf bekommt Leo einen Anruf aus der Kapitale, es ist Hanspeter Lebrument.

«Du, was macht ihr da, fragt er mich. Und ich: Jetz muasch losa, wir bauen eine Milchleitung. Was, eine Milchleitung?, meint Hanspeter, und ich darauf: Es ist so – was die Ölscheichs mit ihren Erdölleitungen machen, das ist ihre Existenz. Und was wir jetzt machen, quasi eine Milchleitung zum Beschneien, das ist unsere Existenz. Hanspeter: Also, ich sei ja schon verrückt, da müssten sie doch sofort in der Zeitung darüber schreiben. Ich müsse ihm gleich Unterlagen schicken … Aber wir wollten ja niemanden aufscheuchen. Deshalb habe ich ihm geantwortet: Hanspeter, ich habe einfach einen Wunsch. Ich will nicht, dass im Moment etwas publik wird. Aber ich verspreche dir, du bekommst am Tag vor der offiziellen Information alles Nötige. Einen Tag vor allen anderen. Er war einverstanden und hat gewartet. Und ich habe mein Versprechen gehalten. Das war aber kein Problem, und Hanspeter hatte an u huara Freud.»

Der November bringt erneut eine ausserordentliche Wetterlage, diesmal aber das genaue Gegenteil der Situation im August – für das Fortschreiten der Bauarbeiten ein Pluspunkt, weniger aber für die bevorstehende Skisaison. Denn: Es will und will kein Schnee fallen. Sogar Gipfel wie das Lenzerhorn und der Piz Martegnas sind aper bis zuoberst. Jetzt, nach einer rekordschnellen Umsetzung des Projekts, kann die grosse Stunde der Savogniner Schneemacher – romanisch «neivists» – schlagen, die Stunde von

Teias Wasescha und seinem Stellvertreter Leza Schmid. Sukzessive werden die Anlagenteile in Betrieb genommen, und dann kommt der entscheidende Moment.

«Ich weiss noch, in der Nacht vom 23. auf den 24. November 1978 konnten wir in der unteren Sektion zum ersten Mal beschneien. Teias Wasescha, unser Schneemacherchef, hat zwar gemeint, die Druckverhältnisse seien etwas schwierig zu regulieren. Damals lief das noch nicht automatisch, das musste man von Hand einstellen, das war nicht ganz einfach. Aber es hat alles geklappt, auch mit den Larchmont-Kanonen. Die ersten Bilder waren sagenhaft. Rundherum grün, und wir haben Schnee gemacht. Ja, später war das berühmte ‹weisse Band› von Savognin oft ein Thema, auch in den Medien. Aber ohne dieses Band wäre es nicht gegangen. Die Bauern haben das gut verstanden. Denn tatsächlich sind die Pistenschäden praktisch auf null zurückgegangen. Ausserdem konnten wir von nun an auch bei ungünstiger Witterung die Skischule bei der Talstation in Betrieb halten – ohne Beschneiung hätte sie dann ausfallen müssen.»

Am 8. Dezember wird die erste Grossschneeanlage Europas für die Beschneiung von vier Kilometern Piste – wie stets bei den Nandrò-Bahnen – vom örtlichen Pfarrer eingesegnet und mit einer Feier offiziell eingeweiht. Paten sind Landammann Tona Collet und ein alter Bekannter Leos aus Churwaldner Tagen: der Riesenslalom-Olympiasieger Heini Hemmi. Gemeinsam übernehmen die beiden den festlichen Akt, und der bald legendäre Werbeslogan «Savognin schneit für Sie» kann lanciert werden.

Die erste Saison wird gleich zur Bewährungsprobe, denn der Wettergott spielt weiterhin verrückt. Kein Schneefall im Dezember, längere Wärme- und Föhneinbrüche in der zweiten Monatshälfte, ein milder und niederschlagsarmer Januar – dafür Schnee in der Sahara. Unter diesen Umständen schwinden auch in Savognin die fürs Schneemachen geeigneten Kältestunden. Immerhin, auf der Talabfahrt ist eine harte erste Schicht mit technischem Schnee von Ende November noch vorhanden, und wann immer sich von den Temperaturen her die Gelegenheit dazu bietet, wird weiter beschneit. Das ‹weisse Band› ist auch im Januar noch gut zu befahren; letztlich bilanziert die Nandrò AG: «An über 100 Tagen konnten die Gäste die Talabfahrt geniessen. Ohne Kanonenschnee wäre es nur an etwa 10 Tagen möglich gewesen, ins Tal zu fahren.»

1979. Studioschneeballschlacht

Auftritt bei Robert Lembke – Übernahme eines Aktienpakets – FIS-Rennen – Tempoprobleme

Endgültig entstanden ist nun auch der Savogniner Beruf des Schneemachers, freie Bahn also für den Auftritt in Robert Lembkes Beruferaten; der Sender hat sich bereits bei Leo telefonisch gemeldet. Im Januar 1979 fährt er – inzwischen zum Direktor der Bergbahnen aufgestiegen und Vorstandsmitglied bei der Branchenorganisation Bergbahnen Graubünden – mit Teias Wasescha nach München ins Studio; Wasescha hat sich dazu bereit erklärt, auf den «Was bin ich?»-Stuhl zu sitzen und sich vom Rateteam des Bayrischen Rundfunks befragen zu lassen.

«In der zweiten Spielrunde fragte der Schweizer Beruferater Guido Baumann unseren Teias, ob er aus einer romanischsprachigen Region komme. Und in Runde vier gab Guido Baumann dann die korrekte Antwort: Schneemacher. Robert Lembke hatte uns schon vorgewarnt, er werde am Schluss noch etwas Kritisches fragen. Das tat er dann auch: Wie es denn sein könne, dass man jetzt im Schweizer Skigebiet Savognin Schnee machen müsse, während gleichzeitig im Raum Hamburg die Schneeräumfahrzeuge auf den Autobahnen fast nicht vom Fleck kämen … Nach der Sendung hatten wir es noch gemütlich mit dem Beruferaterteam. Als Überraschung hatte ich in einer grünen Kühlbox selbst gemachten Schnee aus Savognin mitgenommen, am Vorabend beurkundet von unserer Gemeinde-

kanzlei. So konnten wir im Studio quasi eine Schneeballschlacht machen … Dabei traf ich ungewollt die Glatze von Hans Sachs, des Nürnberger Oberstaatsanwalts, der zum Rateteam gehörte. Er war völlig perplex, blieb aber ruhig und ernst wie immer. Zu Hause hatte mich meine Frau Isabella notabene vor der Abreise noch gefragt, was ich denn mit dieser Kühlbox wolle. Mitten im Winter! Ich sagte dann, ich wolle abklären, wie lange sich der Schnee in der Box halte. Weder ich noch Teias Wasescha durften vor der Sendung etwas von unserem Besuch bei Lembke verlauten lassen. Nach der Ausstrahlung hatte die «Was bin ich?»-Folge dann ein riesiges Echo. Beste Gratiswerbung für Savognin, Graubünden und das Schneemachen.»

Bei den Bergbahnen steht Leo ebenfalls 1979 vor einer wichtigen Entscheidung. Gründer Jean D. Arnet, eine der Leitfiguren der Gesellschaft, hat sich entschlossen, allmählich seinen Rückzug aus dem Unternehmen vorzubereiten. Weder seine beiden Töchter noch deren Partner haben Interesse daran, in seine Fussstapfen zu treten.

«Also hat er mich gefragt, ob ich allenfalls sein Aktienpaket übernehmen wolle, ein Fünftel der Stammaktien. Ich habe ihm gesagt, ich würde es mir gerne überlegen, wolle es aber zuerst mit Isabella und Tobias Kuoni besprechen. Wir hatten ja das Haus in Zizers gekauft, unsere Mittel waren beschränkt. Und der Preis der Aktien war relativ hoch. Isabella fand, es sei schon ein bisschen gewagt. Aber letztlich haben wir uns für den Kauf entschieden. Ich musste allerdings ein Agreement mit unserer damaligen Bank eingehen, dass wir das geliehene Geld innerhalb von neun oder zehn Jahren amortisieren

Jean D. Arnet (sitzend) in Spiez mit Reto Kirschke (links) und Andreas Kuoni (rechts), 1970er-Jahre.

würden. So konnte sich Jean D. Arnet schliesslich wie gewünscht zurückziehen. Die ersten Jahre hat Hans Bochsler mich noch im Verwaltungsrat vertreten, nachher habe ich erklärt, ich wolle selber Mitglied werden.»

In den 1980er-Jahren geht es auch los mit den FIS-Rennen in Savognin. Mit Bernhard Russi und anderen wird die Homologation der Pisten für Slalom, Riesenslalom und Super-G im Raum Somtgant-Tigignas durchgeführt. 1983 lanciert Leo die Graubünden Trophy, unter diesem Titel laufen anschliessend die FIS-Rennen, die jeweils im Dezember stattfinden, und das mit starker nationaler und internationaler Beteiligung. Leo kann die Wettkämpfe stets frühzeitig mit Karl Frehsner und anderen Trainern koordinieren, mit dem Ziel, möglichst viele Weltklassefahrerinnen und -fahrer in Savognin an den Start zu bringen. In den ersten drei Jahren sind es FIS-Herren-Slaloms, die auf den Pisten bei Somtgant ausgetragen werden, dann, 1985, gelingt es Leo, ein Slalom-Weltcuprennen der Damen an Land – oder besser: auf den Savogniner Schnee – zu ziehen.

«Wir konnten dieses Rennen von Leysin übernehmen, das wegen Schneemangels absagen musste – wir hatten ja die Schneeanlage. Ich bin damals zuerst nach Spiez gefahren, an die Beerdigung von Jean D. Arnet, der gerade gestorben war, und dann direkt weiter nach Leysin. Respektive: Ich wurde von der Savogniner Kurdirektorin Christa Bärlocher hingefahren, denn ich hatte zu der Zeit den Führerschein weg. Ja, das ist halt ab und zu vorgekommen. Nie länger als einen Monat, aber u huara tüür. Am schwierigsten ist es für mich geworden, als der Bundesrat die neuen Tempolimiten eingeführt hat. 1983 hat man die Höchstgeschwindigkeit innerorts von 60 auf 50 Stundenkilometer begrenzt, 1985 ausserorts von 100 auf 80 und auf den Autobahnen von 130 auf 120. Da hat es angefangen. Ich musste meine Agenda komplett umstellen, nichts ist mehr aufgegangen mit den Fahrzeiten. Das war eine kleine Katastrophe. Und ich war dann aus Zeitdruck manchmal etwas zu zügig unterwegs. Auch Tobias Kuoni musste

«Leo ist ein Macher, ein echter Ermöglicher»

Ich bin Leo Jeker zum ersten Mal Ende 2006 begegnet, als ich als Redaktorin für das Schweizer Fernsehen die Sendung «Fensterplatz» vorbereitete – eine Reise von Savognin nach Sils im Engadin, die von den Besonderheiten der Region erzählte. Das Format war der Vorläufer der späteren Erfolgsserie «Über Stock und Stein» unter dem Label «SRF bi de Lüt». Moderiert wurde die Sendung vom jungen Nik Hartmann. Bei meinen Recherchen stiess ich auf den Namen Leo Jeker, Vater der ersten grossen Kunstschneeanlage Europas. Leo war damals Direktor der Savognin Bergbahnen und zeigte mir «sein» Savognin. Durch seine Optik entdeckte ich den Reiz dieser Region. Schon damals bemerkte ich seine grosse Leidenschaft für Land und Leute im Surses. Die abenteuerliche Geschichte, wie er 1978 die Beschneiungsanlage nach Savognin brachte, hat mich stark beeindruckt – wie er zu Beginn mit seinem Schneemeister Leza Schmid belächelt wurde, später aber die Neider nachts heimlich die Beschneiungsanlage auskundschafteten.

Ja, Leo hatte schon immer Humor, er ist ein Visionär und ein genialer Networker, obwohl dieser Begriff damals noch kaum geläufig war. Später, als ich Redaktionsleiterin bei «SRF bi de Lüt» war, haben wir oft in Graubünden gedreht. Leo war stets zur Stelle, knüpfte Kontakte und half tatkräftig mit, wenn es darum ging, aussergewöhnliche Menschen und ihre Geschichten für eine Sendung zu gewinnen. Im Jahr 2009 schaffte er es, für die Sendung «Über Stock und Stein» Bundesrätin Eveline Widmer-Schlumpf davon zu überzeugen, Nik Hartmann auf seiner Wanderung zum Caumasee zu begleiten. Ihr Büro in Bern hatte uns zuvor aus Zeitgründen abgesagt. Es war an einem Sonntagnachmittag, als wir uns mit Eveline Widmer-Schlumpf auf einem Parkplatz bei Flims, dem Ausgangspunkt der Wanderetappe, verabredeten. Wir hatten ein knappes Zeitfenster für die Dreharbeiten, die Bundesrätin musste danach aus Termingründen den Zug nach Chur und weiter nach Bern erwischen. Sie kam auf mich zu und sagte: «Also, Frau Giuliani, ich bin vor allem wegen Leo hier. Das haben sie ihm zu verdanken.» Die Sendung wurde ein Riesenerfolg.

Inzwischen verbindet mich mit Leo eine Freundschaft; ich kenne kaum einen grosszügigeren, neugierigeren und begeisterungsfähigeren Menschen. Leo ist ein Macher, ein echter Ermöglicher.

Danielle Giuliani, Zürich
Produzentin und Gesellschafterin
tellfilm GmbH

“Wenn ich durchs Tal fahre, schaue ich immer: Wo hat es Baukräne?
Wenn sich irgendwo ein Kran bewegt, weiss ich, da entsteht etwas.

Leo Jeker ”

“Wir müssen uns mit dem Schnee von übermorgen befassen, nicht mit dem von gestern.

Leo Jeker ”

mich gelegentlich chauffieren, wenn ich den Ausweis weg hatte, Isabella, die Sekretärin, die Buchhalterin – sie, Anita Tönz, hat mich übrigens von Landquart aus noch in der folgenden Nacht nach Sestriere gebracht, zu Weltcup-Gründer Serge Lang, mehr als 300 Kilometer sind das. Rechte Manöver haben wir da gemacht. In Sestriere haben wir um 7 Uhr morgens den Vertrag für das Rennen unterzeichnet. Noch am selben Morgen habe ich mit Sep Guetg telefoniert, dem Präsidenten des Skiclubs Savognin: Du kannst loslegen! Und sechs Tage später haben wir den Weltcup-Slalom durchgeführt, mit Karl Erb als Speaker, im Fernsehen hat Hans Jucker kommentiert. Es gab prompt einen Schweizer Doppelsieg: Erika Hess und Brigitte Gadient auf den ersten beiden Rängen. 1987 konnten wir dann wegen Schneemangels in

Sommer-Slalomtraining mit den Buben, 1980er-Jahre.

Generalversammlung der Bergbahnen zum 20-Jahr-Jubiläum: Leza Spinatsch, Sebastian Stuppan, Jean D. Arnet, Reto Kirschke und Tobias Kuoni (von links), 1982.

Parpan auch noch kurzfristig die Schweizermeisterschaften im Slalom und Riesenslalom übernehmen. Und auch Europacup-Rennen haben mehrfach bei uns stattgefunden, immer mit einer Topbesetzung, darunter Weltcupfahrer wie Pirmin Zurbriggen und Peter Müller oder später Mike von Grünigen.»

Weltcup-Slalom der Damen in Savognin: Erika Hess gewinnt vor Brigitte Gadient, 1985.

Vor Weltmeisterschaften und Olympiaden dient Savognin dank frühzeitiger Kontakte zwischen Leo und Karl Frehsner oft als Stützpunkt der Schweizer Nationalmannschaft. Die Sportlerinnen und Sportler können im Surses übernachten, sich zurückziehen, aber auch auf der FIS-Piste trainieren. Zum Beispiel 1985, als die WM in Bormio und Santa Caterina Valfurva stattfindet – für das Team aus der Schweiz eine der erfolgreichsten überhaupt. Pirmin Zurbriggen und Michela Figini siegen in der Abfahrt, gefolgt von Peter Müller respektive Ariane Ehrat. Die Kombination gewinnen Zurbriggen und Erika Hess, im Riesenslalom wird Zurbriggen Zweiter.

«Am Abend nach der Weltmeisterschaft waren alle wieder in Savognin. Dort überreichte ich allen Schweizer Wettkämpferinnen und Wettkämpfern je einen mit ihrem Namen versehenen Melkstuhl. Pirmin Zurbriggen bekam ihn als erster – mit dem Spruch, sie hätten auf der Strecke ruhig mal einen Moment auf dem Stuhl ausruhen können und hätten doch noch gewonnen.»

Ebenfalls in den 1980er-Jahren initiiert Leo die BPO, die Bündner Parlamentarier-Olympiade. Skiclub, Skischule und Nandrò AG helfen tatkräftig mit. Das Konzept: Grossrätinnen und Grossräte starten mit einer Schülerin und einem Schüler aus ihrem Wahlkreis zum Dreier-Parallelslalom; die Rennzeiten werden zusammengezählt und die Teams anschliessend rangiert. 1987 amtiert sogar der damalige Bundesrat Leon Schlumpf als Ehrenstarter. Insgesamt fünf Mal findet die BPO zwischen 1985 und 1997 statt – ein Anlass, der den Teilnehmenden in guter Erinnerung bleibt.

1984. Cargästewerbung

Weiterbauen am Berg – Kampf um Cargäste – Der Doppelnutzungssee

Das dritte Jahrzehnt der Nandrò-Geschichte bringt auch wieder Investitionen am Berg mit sich. 1984 entsteht ein neues Bergrestaurant in Tigignas, ein Jahr später geht eine Dreiersesselbahn zwischen Tigignas und Somtgant in Betrieb. Und schon seit 1983 tragen sich die Bergbahnen mit dem Gedanken, die Zubringeranlage von Savognin nach Tigignas zu erneuern. Aus der Zweiersesselbahn soll eine kuppelbare Vierersesselbahn werden. Nicht grundlos.

«Ich hatte mich ja immer wieder bemüht, Cargäste nach Savognin zu holen, gerade für die Zwischensaison und die Tage unter der Woche. Ski- und andere Sportclubs oder Schulen beispielsweise, die haben dann Spezialangebote bekommen. Die ganze Bündner Kantonsschule haben wir in Etappen zu Skitagen eingeladen. Die Schülerinnen und Schüler durften gratis an den Berg, und wir haben ihnen Picknickräume zur Verfügung gestellt. Motivation zum Skifahren! Einmal haben wir auch dem gesamten Personal der Swissair angeboten, zu uns zu kommen, mehrere hundert Angestellte waren das, und sehr viele haben die Einladung tatsächlich angenommen. Vier Samstage im Januar haben wir ausgewählt und die Leute auf diese Tage verteilt. Die Idee dabei war: Wir leisten jetzt auch einmal etwas für euch – ihr holt uns ja bei der Swissair Gäste aus der ganzen Welt nach Graubünden. Ein Dankeschön quasi. Das war ein grosser Erfolg. Einige sind zu Stammgästen

geworden oder haben sogar eine Ferienwohnung im Tal gekauft. Ortsskitage haben wir ebenfalls eingeführt, zum Beispiel für die Einwohnerschaft von St. Gallen, Buchs, Frauenfeld, Zürich oder Winterthur. Und von Coop gab es mehrere Jahre lang einen ‹Ski-Express› aus der Ostschweiz nach Savognin. Mit wenig Aufwand eine gute Präsenz bekommen und dafür sorgen, dass die Leute Freude haben, das war unser Ziel. Und es hatte einen nachhaltigen Effekt. Dann musste ich aber feststellen: Andere Destinationen machen das mit den Cars jetzt auch. Also haben wir mit möglichst einfachen Mitteln versucht, Gegensteuer zu geben. Dabei hat sogar mein damals rund zwölf Jahre alter Sohn Björn mitgeholfen. Praktische familieninterne Marktbearbeitung. An Weihnachten und Neujahr sowie in den Wintersportferien in den Jahren 1984 und 1985 hat er an einigen Tagen abwechselnd bei der Ganda am Eingang zum Prättigau und bei Malix auf einem Baum an der Hauptstrasse Posten bezogen und den Verkehr beobachtet. Er hat die Namen und Herkunftsorte der Cars notiert, die vorbeifuhren, in der Ganda in Richtung Davos, bei Malix in Richtung Lenzerheide. Anhand dieser Informationen konnten wir dann bei der Nandrò AG Auswertungen vornehmen und Kontakte zu den gesichteten Busbetreibern knüpfen. Dasselbe hat Björn übrigens mit den Lastwagen gemacht. Denn Isabella arbeitete zu der Zeit bei der Transportfirma Kuoni in Chur – und auch für dieses Unternehmen waren solche Informationen nützlich.»

Die Bemühungen um Cargäste sind zweitweise so erfolgreich, dass die Kapazitäten am Berg an ihre Grenzen kommen. Also braucht es dort den erwähnten Ausbau. Dabei gibt es allerdings ein grundsätzliches Problem: Soll die Transportkapazität hinauf ins Skigebiet erhöht werden, braucht es rund 700 zusätzliche Parkplätze im Bereich der Talstation. Denn die Bergbahnen haben schon jetzt zunehmend Probleme, ausreichend Parkierungsflächen zur Verfügung zu stellen, für Personenwagen wie auch für Busse. Doch wie und wo die neuen Parkplätze bauen?

Zumal eine graue Parkingfläche insbesondere während der Sommermonate keine Augenweide ist. Der damalige kommunale Bauamtsleiter Baltermia Peterelli erinnert sich im Gespräch mit der Sursetter Tourismusorganisation: Zunächst kommt die Idee auf, die Parkplätze jeweils für die Wintersaison mit dem Einsatz von Rollteppichen aus Stahl im Gebiet La Nars einzurichten. Solche Teppiche werden für militärische Zwecke benutzt, um provisorische Start- und Landeflächen einzurichten. Doch der Anschaffungspreis und die jährlichen Kosten für den Auf- und Abbau erweisen sich als zu hoch. Eine andere Idee muss her.

Zufälligerweise beschäftigt sich Savognin zu dieser Zeit auch mit Plänen für eine Steigerung der Sommerattraktivität durch ein Freizeitangebot mit Wasser. Gemeindekanzlist Leza Spinatsch und Baltermia Peterelli unternehmen deshalb einen Ausflug nach Disentis-Fontanivas, um den Badesee beim Campingplatz am Vorderrhein zu besichtigen. «Und dort kam uns die Idee: Lass uns auch einen Badesee bauen, und zwar im Gebiet Barnagn in unmittelbarer Nähe der Bergbahn-Talstation. Auf den Winter hin könnten wir das Wasser ablaufen lassen und den Seegrund als Parkplatz benutzen.» Zurück in Savognin, wird kurzerhand ein Versuch gestartet. Mitarbeiter des Werkgruppe graben ein Becken und füllen es mit Wasser. Doch auch eine Auskleidung mit Lehm hilft nicht: Das Wasser versickert schneller, als das Becken sich füllen kann. Schliesslich wird ein französischer Spezialist für Belagsbeckenbauten beigezogen. Dieser stellt fest: Zwar gibt es wohl noch nirgends auf der Welt ein Doppelnutzungsbecken, das als Badesee und als Parkplatz dienen kann, möglich sei die Realisierung eines solchen Bauwerks aber durchaus. Der Lösungsvorschlag sieht vor, zuerst eine wasserdichte Schicht und darüber einen strapazierfähigen Deckbelag einzubauen.

Spinatsch und Peterelli stellen das Projekt dem Gemeindevorstand vor, stossen aber sowohl dort als auch beim Kur- und Verkehrsverein anfänglich auf wenig Begeisterung. Deshalb wollen die beiden von der Bevölkerung

Einweihung des Lai Barnagn, im Boot hinten Tobias Kuoni (rechts) und Leza Spinatsch, 1986.

hören, was sie von der Idee einer Doppelnutzungsanlage hält. An einem Informationsabend im Hotel «Pianta» spricht sich eine Mehrheit der rund 80 Anwesenden für das Vorhaben aus; Kritik kommt in erster Linie von den Landwirten, die sich wegen des drohenden Kulturlandverlusts wehren. Doch nach dem erfolgreichen Orientierungsanlass ist auch der Gemeindevorstand bereit, das Projekt zu unterstützen – und die Bergbahnen sind ebenfalls mit im Boot. Eine paritätische Projektgruppe mit Spinatsch und Peterelli von der Gemeinde sowie Tobias Kuoni und Leo als Nandrò-Vertreter treibt die Pläne voran.

«Die Bergbahnen hatten in Barnagn eine grosse Parzelle. Ich habe ja immer wieder dafür gesorgt, dass wir seitens der AG Land kaufen können. Wenn sich eine Unternehmung weiterentwickeln will, braucht sie Boden. Weitere Flächen haben der Gemeinde und Privaten gehört. Mit Bodentausch und Dienstbarkeitsverträgen haben wir dann eine einzige Parzelle daraus gemacht, die der Gemeinde gehört. Wir bekamen dafür die Nutzung im Winter gratis; die Schneeräumung war unsere Sache, der Sommersee war Sache der Gemeinde. So konnten wir das Ganze kosten- und betriebsmässig klar trennen. Ich bin dann auch noch nach Chur zum Spezialisten von Pro Natura, Christian Geiger, ich wollte eine Beratung für die Gestaltung des Sees und des Umschwungs. Bei Pro Natura hat man uns an eine erfahrene Zürcher Firma weitervermittelt. Liegewiesen, ein Betriebsgebäude, ein Rundweg um den See und ein Biotop zwischen See und Julia – so haben wir es dann gemacht. Die Kosten von 2,5 Millionen Franken haben wir zwischen den Bergbahnen und der Gemeinde geteilt.»

1986. Seeparkplatzbau

Lai Barnagn eröffnet – Marketingideen – «Nandrò-Familia»

Schliesslich stimmt die Gemeindeversammlung von Savognin dem Vorhaben klar zu, und im Mai 1986 können die Arbeiten am Lai Barnagn beginnen. Nach einer Bauzeit von gerade mal vier Monaten kann der See im Rahmen eines Probestaus ein erstes Mal geflutet werden, und im Winter 1986/87 steht die Fläche ebenfalls zum ersten Mal als Parkplatz zur Verfügung. Der «Parking-Bergsee», eine Weltneuheit, ist rund 250 Meter lang, 60 Meter breit und bis zu zweieinhalb Meter tief, seine Fläche beträgt 15 000 Quadratmeter. «Durch die Doppelfunktion dieser Mehrzweckanlage», heisst es in einer Baureportage vom November 1986, «konnten verschiedene, viel geäusserte Wünsche umweltfreundlich und kulturlandsparend verwirklicht werden.»

Pressekonferenz zur Eröffnung des Lai Barnagn, 1986.

Der Seeparkplatz im Winter, ca. 1987.

«Und das in einem Blitztempo von der Idee bis zur Umsetzung. So etwas kann man heutzutage vergessen. Einfach vergessen. An diesem Beispiel sieht man einmal mehr: Machen ist wichtig, und zwar zusammen. Mich freut es heute noch, wie gut das geklappt hat. Nach der Eröffnung konnten wir auch endlich wieder Cars parkieren lassen. Mit Gästen von überallher. Wir hatten manchmal 40, 50 Busse in Savognin, sogar aus Como, aus dem Bodenseegebiet bis nach Ravensburg, aus dem Raum Zürich-Aargau. Das vermissen wir heute. Vor dem Bau des Lai Barnagn hatten wir ein Carregime einführen müssen, die Chauffeure mussten ihre Fahrzeuge teilweise in Burvagn bei Cunter parkieren, weil wir schlicht keinen Platz bei der Talstation hatten. Wir haben den Fahrern aber immer Gutscheine gegeben, damit sie in Tigignas gratis zu Mittag essen konnten. Die Gäste habe ich zum Teil selber begrüsst und sie informiert, wo es gerade gut ist zum Skifahren und wo sie aufpassen müssen.»

Dank der innovativen Doppelnutzungsanlage sind die Platzprobleme ab 1986/87 passé. Die Vierersesselbahn nach Tigignas wird 1988 eröffnet. Und der Verkehrsverein Graubünden nutzt den Lai Barnagn sogar in einer Werbekampagne für «die Ferienecke der Schweiz». Der Titel: «GR 4831, bitte sofort umparkieren.» Dann: «Da will man es richtig machen und stellt den Wagen korrekt auf dem öffentlichen Parkplatz ab, und dann ist es wieder nicht recht. Wo sind wir denn da? In Graubünden eben, auf dem weltberühmten Parkplatz von Savognin. Da stauen sich im Sommer nämlich nicht Autos, sondern das kristallklare Wasser des Flüsschens Julia, das den Parkplatz in einen einladenden Badesee verwandelt. Womit sich die Zahl der Seen und Seelein Graubündens für ein paar Monate kurzfristig von 615 auf 616 erhöht. (Vergessen Sie also bitte Taucherbrille und Schnorchel nicht, wenn Sie Ihren Wagen im Sommer unbedingt auf dem Winterparkplatz in Savognin abstellen möchten.)» PS. Die Autonummer «GR 4831» ist nicht einfach frei erfunden – es ist jene von Familie Jeker.

Um die neuen Transportanlagen im Skigebiet zu promoten, setzt Leo wieder auf das bewährte Konzept der Nandrò-Bahnen: mit möglichst einfachen und kostengünstigen Mitteln eine möglichst grosse Wirkung erzielen.

«Die Idee ist mir bei einem Besuch in Sunne gekommen, da war gerade eine Dreiersesselbahn in Bau. Ich habe zu Isabella gesagt, wir haben ja jetzt auch so eine Anlage in Planung. Wenn wir die dann eröffnen, organisieren wir ein Drillingstreffen, verbunden mit einem Drillings-Parallelsalom. Das passt zu einer Region, die als Familienskigebiet punkten will. Und es passt zur Anlage, denn die können da zu dritt nebeneinander hocken. Ich war überzeugt, dass die Medien bei so einer Geschichte mitmachen würden. Und so war es auch. Dieses 1. Internationale Drillingstreffen, wie wir es getauft haben, war 1985 der Start einer ganz besonderen Werbekampagne in der Schweiz und in den umliegenden Ländern. Mit einer Fortsetzung: 1988 haben wir das 2. Internationale Drillingstreffen auf die Beine gestellt – und gleichzeitig das 1. Internationale Vierlingstreffen, passend zur Eröffnung der Vierer-Kuppelsesselbahn Savognin-Tigignas. Beste Werbung in ganz Europa.»

Und die Geschichte wird sogar weitergehen: Zehn Jahre später, anlässlich der Einweihung der Sechser-Kuppelsesselbahn von Somtgant auf den Piz Martegnas, der zu diesem Zeitpunkt längsten Anlage dieser Art in der Schweiz, lädt Leo – anzahlmässig pragmatisch – zu einem «Mehrlingstreffen» ein. Mit dabei ist unter anderen die bekannte Fünflingsfamilie Winterberger aus Brienz im Berner Oberland. Parallel dazu organisieren die Nandrò-Bahnen im Jahr 2000 gleich noch ein Kaminfegertreffen inklusive Weltrekord; das Ziel ist es, die grösste Zahl von Schornsteinputzerinnen und -putzern in Arbeitskleidung auf eine Transportanlage zu bringen. Mit Erfolg: Alle 38 bergwärts fahrenden Sechsersessel können besetzt werden, mit 228 Glücksbringerinnen und Glücksbringern in Schwarz. Und insgesamt sind sogar 375 Vertretende der Kaminfegerzunft für eine Bergbahnfahrt anwesend – zwei Weltrekorde an einem Tag also. Und der dritte und vierte innerhalb von zwölf Monaten: Auch die längste Fackelabfahrt der Welt mit den meisten Fackelträgerinnen und -trägern hat Savognin im Jahr 2000 bereits organisiert.

Aber wieder zurück in die 1980er-Jahre. Firmenintern lanciert Leo die Hauszeitung «Nandrò-Familia», ein Pro-

Kaminfegerrekord auf der Sechsersesselbahn, 2000.

dukt von Mitarbeitenden für Mitarbeitende. Der Titel ist sehr bewusst gewählt – die Angestellten und auch der Verwaltungsrat sollen helfend füreinander da sein, eben ganz wie in einer Familie. Produziert wird das Mitteilungsblatt von den eigenen Lehrlingen, auch das getreu einem wichtigen Grundsatz von Leo: Man muss die Jungen machen lassen. «Und sie hatten grosse Freude an der Arbeit für ‹Nandrò Familia›.» Was Leo ebenfalls nicht müde wird zu betonen: Stetige Weiterbildung ist ein Muss – notabene auch für den Chef, nicht nur für die Angestellten. Er macht es nicht zuletzt mit dem Besuch von Fachausstellungen und Fachmessen, beispielsweise in Innsbruck, Bozen, Grenoble oder Martigny, oft zusammen mit Mitarbeitenden. Regelmässig reist er auch an die Internationale Industriemesse in Hannover, die weltweit grösste ihrer Art. Eine Inspirationsquelle, denn dort kommen immer wieder neue Ideen auf – «ein Ort, an dem man nur lernen kann».

1987. Weltmeisterschaft

Adolf Ogi – WM-Kandidaturpläne – Dividendenverzicht – Alpenflora-Pfad – Vortragsreisen

Eine besondere Erinnerung verbindet Leo ausserdem mit Adolf Ogi, der zu diesem Zeitpunkt – es ist das Jahr 1987 – vor der Wahl in den Bundesrat steht.

«Ich bekam einen Anruf von Herrn Ogi, den ich damals noch nicht persönlich kannte. Er hatte offenbar mitbekommen, dass ich ab und zu bereits an Diskussionsrunden teilgenommen hatte. Er sagte, da er jetzt zum Bundesrat vorgeschlagen sei, könne er nicht wie geplant bei den «Belvedère»-Gesprächen in Davos mitmachen. Das war eine bekannte öffentliche Gesprächsreihe mit Persönlichkeiten aus Wirtschaft, Tourismus, Gesellschaft, Sport und Politik. Ob ich nicht an seiner Stelle zur Verfügung stehen könne. Das sei einige Schuhnummern zu gross für mich, habe ich ihm geantwortet. Er habe aber gar keine grosse Schuhnummer, hat er mir dann lachend gesagt. Ich habe schliesslich

zugesagt und durfte nachher auch immer wieder an diesen Gesprächen teilnehmen, bis sie eingestellt wurden. Sie wurden meist vom damaligen Davoser Tourismusdirektor Bruno Gerber geleitet. Immer eine spannende und lehrreiche Veranstaltung.»

1987 engagiert sich Leo aber auch für eine dezentralisierte Kandidatur der Skigebiete Lenzerheide und Savognin für die alpinen Ski-Weltmeisterschaften im Jahr 1995 oder 1997. Abstimmungsvorlagen für eine Bewerbung von Graubünden als Austragungsort der Winterolympiade 1994 sind 1980 und 1985/86 an der Urne gescheitert. Gemeinsam mit dem Bündner FIS-Delegierten Hans Küng erklärt Leo im November 1987 vor den Medien, Olympische Spiele seien offensichtlich «eine Schuhnummer zu gross» für den Kanton. Weltmeisterschaften hingegen würden sich problemlos realisieren lassen, und Mittelbünden sei für eine solche Veranstaltung «geradezu prädestiniert». Die Rennen sollen auf Pisten am Piz Scalottas und am Piz Danis sowie am Piz Martegnas zwischen Somtgant/Fugna und Tigignas stattfinden. Rodungen und Erdbewegungen wären nicht notwendig, heisst es an der Medienorientierung; ein

Leo und Hans Küng stellen die Idee einer Ski-WM in Mittelbünden den Medien vor, 1987.

«Wegbegleiter und Freund seit einem halben Jahrhundert»

Als ich Leo Jeker Mitte der 1970er-Jahre in Innsbruck-Igls beim ersten Skipistenkongress kennenlernte, der sich in der Folge zur heute weltumfassenden Leitmesse Interalpin für die Seilbahnbranche und den Schneesport mauserte, war mir eines klar: Hier steht ein Mann vor mir, der weiss, wovon er spricht, beseelt von Visionen und innovativen Ideen, aber gleichzeitig erdverbunden und engagiert als Kämpfer für entsprechende Lebensbedingungen der Bevölkerung in der alpinen Bergwelt.

Das Schicksal wollte es, dass wir beide kurz nach diesem Kennenlernen als Interessenvertreter der Bergbahnunternehmungen eng zusammenwuchsen: Leo als Vorstandsmitglied des damaligen regionalen Bergbahnverbands VSSG, den heutigen Bergbahnen Graubünden, ich als Geschäftsführer der Fachgruppe der Seilbahnen in der Wirtschaftskammer Tirol. Grundlegender Anlass war das von mir 1979 initiierte, wechselseitig stattfindende Treffen zwischen den beiden regionalen Verbänden. Dieses hat sich bis heute in Form eines mehrtägigen Symposiums als Bühne für den Gedanken- und Erfahrungsaustausch äusserst erfolgreich bewährt. Für Leo und mich zündete dabei der freundschaftliche Funke; das hervorgerufene Feuer hält uns auch im jetzigen Unruhestand nach wie vor in engem Kontakt, sowohl in den Bereichen Bergbahnen, Schneesport und Tourismus als auch im Persönlichen – und das nun nach fast einem halben Jahrhundert!

Schliesslich haben wir viele Gemeinsamkeiten: Wir sind im Kopf und in den Beinen gut erhaltene 1943er-Jahrgänger, also in der schwierigen Zeit des Zweiten Weltkriegs Geborene, wobei Leo der um zweieinhalb Monate Jüngere ist. Wir sind von gleicher Wellenlänge, sind – wie man sagt – «gstandene Seilbähnler», denen das Skifahren offenbar in die Wiege gelegt wurde. Und dieser Sport bereitet uns auch nach fast acht Jahrzehnten immer noch grosse Freude.

Beide sind wir Anfang der 1960er-Jahre jung ins Berufsleben eingestiegen, beide können wir heute auf eine erfüllte und auch erfolgreiche Tätigkeit zurückblicken. Dies dank unserer Neugierde in jeder Hinsicht, stets mit dem leidenschaftlichen Blick über den Tellerrand beziehungsweise über den lokalen Kirchturm hinaus. Nach dem Motto: Man kann bei solchen Gelegenheiten immer etwas Neues lernen, und sei es nur die Bestätigung des eigenen Weges, jedoch stets mit dem Herzen am rechten Fleck und einer grossen Portion Gestaltungswillen.

Eines hat uns in der Lebensbilanz nie gefehlt: das Anpacken im und die Freude am Beruf – ohne das heute verbreitete Schielen aufs Einhalten der gesetzlichen Länge der Tages- und Wochenarbeitszeit. Die Übernahme von Verantwortung in der Führungsfunktion gegenüber der Mitarbeiterschaft, aber auch in der Verbandsinformationspolitik nach innen und aussen. Wir agierten stets zielorientiert und offen, ohne Trickserei oder Falschmünzerei bei Fakten und Daten. Es musste vor allem gegenüber Politik und Medien Hand und Fuss haben, überprüfbar sein. Deshalb waren Leo und ich – dank der frühzeitigen beruflichen Verbundenheit – auch laufend im mündlichem und schriftlichem Austausch zu Argumenten, geplanten Aktionen, et cetera. Angesichts der vielfältigen Bereiche war dieses Feld einerseits sehr umfangreich, andererseits auch herausfordernd.

Nicht von ungefähr haben wir deshalb – vorsichtig ausgedrückt – auch gemeinsame «Feindbilder» wie die überbordende Bürokratie auf allen Ebenen unserer Branche, speziell im Naturschutz und Anlagen-Genehmigungsverfahren. Oder die ständigen Versuche der Fremdbestimmung unserer Bergregionen mit ihren Seitentälern durch Nichtregierungsorganisationen wie die Cipra, lokale und überregionale Umweltinitiativen und dergleichen. Oder durch länderübergreifende internationale respektive multinationale Abkommen – die Alpenkonvention ist hier eines von vielen Beispielen. Und nicht zuletzt durch die sogenannten «selbsternannten Experten», die sich mit ihren Fake News bei Medien grosser Aufmerksamkeit erfreuen. Dass Leo und mir nie langweilig wurde und wird, braucht wohl nicht näher betont zu werden.

Zwei Gemeinsamkeiten erfreuen uns Seilbähnler auch persönlich sehr. Einerseits sind es Leos Ehrenmitgliedschaft bei Bergbahnen Graubünden und meine beim Verband Deutscher Seilbahnen. Andererseits besitzen wir die Mitgliedschaft in einem «Edelclub» von 24 Persönlichkeiten, gegründet vor 20 Jahren, den «Old Mountains Fellows»: im Ruhestand befindliche ehemalige langjährige Bergbahn-Geschäftsführer und Funktionäre aus der Schweiz, aus Österreich, Deutschland und Südtirol. Zwei jährliche Treffen sorgen für kulturelle, sportliche und vor allem aktuelle Infos aus der Bergbahnbranche.

Was uns hingegen unterscheidet, ist die Ausübung eines politischen Mandats. Bei mir war es nur eine kurze Zeit als Ersatzgemeinderat, jedoch ohne weitere Ambitionen. Leo machte hingegen grosse Karriere in diversen politischen Gremien Graubündens. So war er unter anderem 24 Jahre Bündner Grossrat und in den Jahren 2007/08 in der höchsten Funktion als Standespräsident im Bündner Parlament. Bei seiner Amtseinsetzung durfte ich am 1. September 2007 erfreulicherweise zugegen sein. Auch bei anderen verschiedensten Anlässen wie bei der 30-Jahr-Feier der 1978 errichteten ersten grossen Schneeanlage Europas in Savognin oder bei den jeweiligen persönlichen runden Geburtstagsfeiern gab es entsprechende Gelegenheit zur Vertiefung unserer Freundschaft. Dabei sollte der Spassfaktor aber nicht zu kurz kommen, wie zwei amüsante Beispiele zeigen. Leo – als bekannt flotten Autofahrer – habe ich immer wieder mit der Frage konfrontiert, ob er das Fotoalbum, gespeist aus diversen Radarkästen, wieder erweitert habe. Umgekehrt bekam ich von Leo, dem weithin bekannten Berg- und Marathonläufer, die Frage zu hören, wie es mit meinen Läufen im alpinen Gelände aussehe, was ich nur ablenkend zu beantworten versuchte, um ein «Nichts» zu vermeiden.

Es hiesse Eulen nach Athen tragen, wenn man an dieser Stelle alle von Leo umgesetzten Projekte, vor allem seine vielfachen Verdienste in der Bergbahnbranche, im Tourismus, in der Wirtschaft und im ländlichen Bereich generell, aufzählen wollte. Es würde den Rahmen meines Beitrags sprengen. Zudem bin ich mir sicher, dass diese andernorts in diesem Buch gebührend erwähnt werden. Aber in diesem Zusammenhang darf ich Leo den Ehrentitel «Schneipapst Europas» – freihändig und ohne grosse Jury – als Hommage an die erfolgreiche Umsetzung seines vor einem halben Jahrhundert verfolgten Projekts der grossflächigen Beschneiung verleihen. Sie ist heute die Lebensversicherung für gesicherten Schneesport und die Tourismus-Wintersaisons alpenweit.

«Viva», lieber Leo, weiterhin Wohlergehen und vor allem Gesundheit, auf dass wir Urgesteine noch lange zusammenkommen können!

Dr. Helmut Lamprecht, Aldrans (Tirol)
Ehemaliger Leiter der verkehrspolitischen Abteilung und der Sparte Verkehr sowie Geschäftsführer der Fachgruppe Seilbahnen der Tiroler Wirtschaftskammer, im Ruhestand seit 2009. Sachverständiger für den alpinen Skilauf, insbesondere für Verkehrssicherungspflicht für Skipisten

“Schau, dass du zehn Ideen hast. Man muss viele Ideen haben. Eine oder zwei kannst du dann vielleicht umsetzen.”

Leo Jeker

“Man hat nie ausgelernt. Ständige Weiterbildung ist eine Selbstverständlichkeit”

Leo Jeker

“Es ist wichtig, mit den Leuten immer auf Augenhöhe zu bleiben.”

Leo Jeker

grosser Teil der nötigen Infrastrukturen sei bereits vorhanden. Das erforderliche Budget wird auf 15 bis 20 Millionen Franken geschätzt. Kommt Graubünden gut 20 Jahre nach den Weltmeisterschaften in St. Moritz von 1974 wieder in den Genuss eines solchen sportlichen Grossevents? Die Gemeinde Vaz/Obervaz stimmt Anfang März 1989 als erster der involvierten Orte über die Kandidatur ab – und die Gemeindeversammlung sagt mit 526:272 Stimmen Nein zu einem Mittun der Lenzerheide. In Riom-Parsonz wird das Projekt einige Tage später an der Gemeindeversammlung mit 17:13 Stimmen ebenfalls abgelehnt; unter anderem deshalb, weil sich die Gemeinden Cunter, Salouf und Tinizong-Rona finanziell nicht an der Kandidatur beteiligen wollen. An der Gemeindeversammlung in Savognin wird die Abstimmung nach dem klaren Nein aus Vaz/Obervaz gar nicht erst durchgeführt. Die Idee von alpinen Ski-Weltmeisterschaften in Mittelbünden ist gescheitert.

Im Jahr 1988 legen die Bergbahnen ihren bisherigen Namen in die Mottenkiste: Aus der Nandrò Ski- und Sessellifte Savognin-Piz Martegnas AG wird die Savognin Bergbahnen AG, und Leo ist nun Vorsitzender der Geschäftsleitung, ab 1989 gehört er zudem dem Verwaltungsrat an. Vorbei sind inzwischen die Zeiten der satten Dividenden: Seit dem fünften Geschäftsjahr konnten sie ausbezahlt werden, teils wurden Werte von bis zu zehn Prozent erreicht. Jetzt aber folgt wegen der hohen getätigten Investitionen und wegen schneearmer Winter ein zweijähriger Unterbruch, und ab dem Geschäftsjahr 1995/96 wird

Tobias Kuoni gratuliert Leo zur Wahl in den Verwaltungsrat der Bergbahnen, 1989.

es im Interesse weiterer Investitionen und Erneuerungen permanent keine Dividende mehr geben.

«Wir hatten die Transport- und Beschneiungsanlagen weiter ausgebaut, den Camping Julia totalerneuert und andere Investitionen getätigt. Den Winterbetrieb konnten wir wegen des mangelnden Schnees nur dank unserer Beschneiung aufrecht erhalten. Es waren schwierige Jahre. Ich selbst habe dann den Antrag gestellt, keine Dividende auszuzahlen. Auch für uns als Stammaktionäre war das nicht einfach. Wir hatten ja keine Verzinsung unserer investierten Gelder mehr, nichts, null. Der Verzicht auf eine Dividende ist nicht selbstverständlich. Diese Leistung des Aktionariats und der Partizipierenden ist auch eine Leistung und ein grosses Engagement für die ganze Region. Als es Ende der 1980er-Jahre keine Dividende mehr gab, schlug ich übrigens dem Verwaltungsrat vor, dass die Direktion respektive Geschäftsleitung von sich aus ein Jahr lang auf 20 Prozent des Lohns verzichtet. Und auf Gratifikationen. So haben wir das dann gemacht. So, wie es uns die Gründeraktionäre vorgelebt hatten. Ausserdem wollten wir damit auch der Bank zeigen: Wir gehen kein Risiko ein, wir tragen unser Scherflein an die Gesundung des Unternehmens bei. So konnten wir auch eine gewisse Streckung bei den Krediten erreichen.»

Am Herzen liegt Leo aber auch ein Projekt, das er 1989 gemeinsam mit der Savogniner Drogistin Astrid Thurner und mit Unterstützung der Alpkorporation Val Nandrò umsetzt, und das lange vor der Gründung des Regionalen Naturparks Ela: der Alpenflora-Panoramapfad von Somtgant nach Laritg. Mehr als 100 Bergblumenarten sind es, die Thurner im Gelände beschriftet, mit den Pflanzennamen in Deutsch, Romanisch und Lateinisch sowie mit einem Bild versehen. Der Themenweg wird schnell zu einer beliebten Wanderung für Jung und Alt. In seiner Eröffnungsrede hält Leo unter anderem fest:

«Es ist nichts Verrücktes, aber etwas Wunderschönes und Natürliches. Die Nasa bringt der Weltbevölkerung den Mars näher. Wir wollen unseren Gästen, Einheimischen, Schu-

len, einfach allen Naturfreunden die Farbenpracht der Alpen näherbringen. Der Volkswirtschaft im Berggebiet geht es ähnlich wie den Alpenpflanzen. Wir haben besondere Lebensbedingungen, einen besonderen Existenzkampf. Die Pflanzen müssen genügsam sein und haushälterisch umgehen mit dem Wenigen, das sie als Nahrung vorfinden. Die Wirtschaft im Berggebiet muss sinngemäss mit ähnlichen Voraussetzungen leben.»

Mit dem in Savognin trainierenden
Pirmin Zurbriggen, 1988.

Diese Wirtschaft im Berggebiet zu stützen sieht Leo schon seit langem als eines seiner zentralen Ziele an. Selbstredend, dass der Tourismus, insbesondere der Wintertourismus, dabei eine eminent wichtige Rolle spielt. Und für diesen Wintertourismus braucht es aus seiner Sicht das, was Savognin bereits Ende der 1970er-Jahre in die Tat umgesetzt hat: technisch beschneite Pisten. Die erste Grossschneeanlage Europas sorgt seit ihrem Bau auch für Aufsehen – sowohl bei den befürwortenden als auch bei ablehnenden oder zumindest skeptischen Kreisen. Zahlreiche Besucherinnen und Besucher aus Fachkreisen und Medien kommen nach Savognin und lassen sich die Infrastrukturen zeigen. Doch damit nicht genug: Um den weit herum vorhandenen Informationsbedarf zu stillen, reist Leo schon ab Beginn der 1980er-Jahre durch halb Europa.

«Aus dem Ausland gab es damals einen regelrechten Run. Wir hatten Besuch aus der ganzen Welt, sogar aus Japan sind die Leute zu uns gekommen, um die Anlage zu besichtigen. Aus Europa sowieso, gerade auch aus Skigebieten, in denen Weltmeisterschaften oder Olympische Winter-

spiele stattfanden. Und die reisten nicht im Auto an, die kamen in Bussen, ganze Delegationen. Mit Landwirten, Organisationskomitees, Gemeindebehörden, teils sogar mit Regierungsmitgliedern. Aber auch ich durfte überall im Alpenraum Referate halten, in Deutschland, Österreich, Italien, auch in Frankreich, einmal zum Beispiel in Grenoble, und ich kann doch kein Französisch. Da musste ich mir den ganzen Vortrag übersetzen lassen, und ich habe es dann mit meinem vermutlich fürchterlichen Akzent vorgelesen … Aber es kam gut an. Standing Ovations gab es während des Referats. Was auch dazugehört hat: Bei grossen Veranstaltungen habe ich immer einen grünen ‹Tschoopen› angezogen. Meine Frau hat zwar jedes Mal gesagt, ist das eine gute Idee? Aber ich fand, ich mache das einfach. Isabella hat mich auch bei diesen Vortragsreisen immer gut unterstützt. Das Schwierigste dabei war damals ja die Kommunikation, Mobiltelefone gab es schliesslich noch nicht. Aber gefahren bin ich stets selber. Ich hatte ein Tonbandgerät dabei, um Leitsätze für die Referate aufnehmen zu können, wenn mir unterwegs etwas in den Sinn kam.»

1989. Schneekanoneninitiative

Volksbegehren gegen die Beschneiung – Abstimmungskampf – Erfolg an der Urne

Das Ausland reagiert rasch auf die Savogniner Beschneiungsinvestition, unzählige Skigebiete im Alpenraum ziehen in den folgenden Jahren nach und bauen ebenfalls ähnliche Infrastrukturen auf. Gerade in der Schweiz und auch in Graubünden gibt es aber kritische Bergbähnler-Kollegen und Touristiker, die noch lange Zeit nach der Pionierleistung in Savognin damit werben, ein Pistenangebot ausschliesslich mit Naturschnee vorweisen zu können. So wehrt sich beispielsweise neben dem damaligen Direktor der Branchenorganisation Seilbahnen Schweiz auch der Davoser Kurdirektor Bruno Gerber öffentlich gegen den Einsatz von Schneekanonen, er ärgert sich über Leos «radikale Ansichten», wie er Jahre später in einer Kolumne erzählen wird – um anschliessend zuzugeben, seine Haltung damals sei ein Irrtum gewesen. Und natürlich können sich die Umweltschutzorganisationen mit der Neuerung nicht anfreunden. 1989 lancieren sie zusammen mit den linken Parteien Graubündens die kantonale Volksinitiative «für ein Gesetz über die Bewilligung von Anlagen für die künstliche Beschneiung (Schnee ohne Kanonen)». Sie wollen eine Bewilligungspflicht mit sehr strengen Voraussetzungen für die Errichtung, Erweiterung, Erneuerung und Sanierung sowie den Betrieb von Schneekanonen einführen. Dabei betonen sie, das Begehren richte sich keineswegs gegen den Tourismus, vielmehr wolle es einen Fremdenverkehr im Einklang mit der Natur fördern. Der Slogan auf dem Unterschriftenbogen: «Der Mensch muss mit der Natur leben – nicht gegen sie!» Das Initiativkomitee fordert konkret ein Gesetz, das den Einsatz von Beschneiungsanlagen aller Art auf ein absolutes Minimum beschränkt. Schneekanonen sollen nur für die Sicherung einzelner exponierter Skipistenabschnitte oder punktueller Gefahrenstellen eingesetzt werden. Die nötigen 3000 Unterschriften kommen problemlos zusammen, eingereicht wird das Volksbegehren 1989 mit rund 5000 gültigen Unterzeichneten. Im politischen Prozess spricht sich der Grosse Rat auf Antrag der Regierung gegen das Ansinnen aus, aber natürlich muss die Initiative vors Stimmvolk ge-

Das berühmte «weisse Band» von Savognin, 1990er-Jahre.

bracht werden. Der Entscheid an der Urne wird auf den 2. Dezember 1990 festgesetzt. Ein heftiger Abstimmungskampf um die Schneeanlagen beginnt – mit Leo als eine der zentralen Figuren in den Reihen der Gegnerschaft.

«Im Hintergrund war die Internationale Alpenschutzkommission Cipra am Werk. Sie wollte überall dreinreden, und schliesslich hat sie sich dazu entschieden, in Graubünden das faktische Beschneiungsverbot aufs Tapet zu bringen. Wir wusssten, da kommt etwas auf uns zu. Ich fand, das darf doch nicht sein, so eine Einmischung, dabei wollen wir doch nur die Qualität des Angebots verbessern und eine gewisse Schneesicherheit haben, eine Schneeversicherung sozusagen. Wir Bergler haben schliesslich das Recht, moderne Technik anzuwenden, um unsere Arbeitsplätze zu sichern. Ich habe dann die Sache an die Hand genommen und alle Bündner Wirtschaftsverbände zusammengetrommelt, auch den Bauernverband. Dank der Beschneiung gab es ja praktisch keine Flurschäden im Pistenbereich mehr. Ich denke, wir haben letztlich im richtigen Moment die Interessengemeinschaft Tourismus Graubünden gegründet, die ITG. Mich hat man gebeten, deren Präsidium zu übernehmen. Gemeinsam mit SVP-Grossrat Hans Hatz habe ich dann das überparteiliche kantonale Komitee gegen die Initiative geleitet; er war für den politischen Teil zuständig, ich für die Verbände und die ITG. Wir haben immer alles zusammen gemacht, eine Veranstaltung nach der anderen. Es gab etliche Podiumsdiskussionen im ganzen Kanton. Einmal bin ich auch nach Liechtenstein zur Cipra gefahren, unangemeldet, ich dachte, denen steige ich jetzt mal auf die Bude, als einfacher Bürger. Mein Name ist Leo Jeker, habe ich gesagt, ich komme aus Savognin und hätte gerne den Chef gesprochen. Das hat dann auch tatsächlich geklappt. Beim Thema Beschneiung gehe es um nicht weniger als unsere Existenz, habe ich ihm erklärt. Das hat ihm, glaube ich, schon Eindruck gemacht. Ich weiss auch noch, ich hatte damals in der Vor-Handy-Zeit immer eine ganze Palette an

Münz im Auto, um unterwegs in Telefonkabinen Anrufe tätigen zu können, wenn es wieder etwas zu regeln gab. Ich bin unzählige Kilometer gefahren in den Monaten vor der Abstimmung und habe meine Frau fast nie gesehen. Aber Isabella hat mich auch in dieser herausfordernden Zeit sehr unterstützt.»

Leo, der Ritter der Schneekanonen – ein Geschenk der ITG, 1991.

Das Komitee, das von mehr als 100 Grossrätinnen und Grossräten unterstützt wird, hält die Initiative für «überflüssig und schädlich». Graubünden besitze bereits eine restriktive Regelung für die Bewilligung von Schneeanlagen, hält die Gegnerschaft des Volksbegehrens gegenüber den Medien fest. Ein faktisches Verbot solcher Infrastrukturen werde die Tourismusregionen und damit die gesamte Volkswirtschaft des Kantons «schwer treffen». Die Initiative sei «allzu extrem» und müsse folglich «mit aller Entschiedenheit» abgelehnt werden.

Sogar zu einer «Medien-Nacht mit den Schneemachern» in Savognin werden die Medienschaffenden von Leo eingeladen. Man trifft sich an einem Nachmittag im Januar 1990 in Chur, fährt im «Schneemacher-Express» gemeinsam ins Surses, übernachtet wird im Hotel «Cresta». Vor dem Nächtigen geht's aber natürlich an den Berg, anfänglich zur Pumpen- und Kompressorenstation im Tal, dann nach Tigignas zur Schneeanlage, die spätabends in Funktion besichtigt werden kann. Am folgenden Tag macht man sich ein zweites Mal auf an den Berg, um die beschneite Fläche zu begutachten – und sie natürlich mit den Ski zu befahren, bevor der «Schneemacher-Express» die Medienschaffenden zurück nach Chur bringt.

Das sind die angenehmeren Erfahrungen in diesen Monaten. Bei Leo gehen aber auch verschiedentlich anonyme Drohungen in Zusammenhang mit der Beschneiungsthematik ein, aus der Region wie auch aus dem Unterland. Teils brieflich, teils telefonisch. Unter anderem wird ihm angedroht, man werde sein Haus anzünden. Leo muss die Polizei einschalten.

Das Komitee macht werbemässig mobil. Plakate und Inserate zeigen unter anderem eine Kanone, die auf einen Steinbock zielt, darüber der Titel «Sagiattar nign bucs» – keine Böcke schiessen. «Iniziativa da canungs – NA!», das romanische «Nein» in Grossbuchstaben. «Luft, Wasser und sonst gar nichts» brauche man für die Beschneiung, informiert die ITG. Seit Urzeiten setze der Mensch beim Kultivieren des Landes zwecks Existenzsicherung auf das Bewässern; Schneeanlagen würden ihm heute auf ähnliche Weise dienen. Und von den total rund 1500 Pistenkilometern in Graubünden würden aktuell gerade mal 17 Kilometer beschneit. «Unsere Stärke ist die Natur, darum setzen wir in Graubünden Schneeanlagen sehr zurückhaltend ein. Und unsere schon heute strengsten Schneeanlagen-Richtlinien der Welt garantieren, dass das letzte Wort immer bei den Behörden und beim Stimmbürger in der betreffenden Region bzw. Gemeinde liegt.» Das Volksbegehren hingegen sei «zentralistisch und unbündnerisch», weil es das Mitspracherecht der Stimmbürgerschaft in den Regio-

«Bei Leo gab es keine faulen Entschuldigungen»

Mit Leo Jeker verbinden mich viele gemeinsame Tätigkeiten und Erlebnisse während meiner Zeit als Präsident des Skiclubs Savognin und später als Gemeindepräsident von Savognin. In dieser Funktion, die ich von 1984 bis 1996 innehatte, war ich als Vertreter der Gemeinde Mitglied des Bergbahnen-Verwaltungsrats – sowohl dort als auch im Skiclub durfte ich mit Leo zusammenarbeiten. Und das immer sehr gut. Im Organisationskomitee des Skiclubs war Leo für die Werbung und das Sponsoring verantwortlich, und dabei ist er stets sehr sorgfältig vorgegangen. Er war und ist ein in vorbildlicher Weise pflichtbewusster Mensch, ausdauernd und erfolgreich in Verhandlungen, immer präsent an den Sitzungen. Da gab es keine faulen Entschuldigungen, und alles, was zu tun war, hat er prompt und zur Zufriedenheit aller Beteiligten erledigt. Gleichzeitig hat Leo die Sitzungen nie unnötig in den Abend hinein verlängert, wie andere das gelegentlich zu tun pflegen.

Gemeinsam haben wir unter anderem die Bündner Parlamentarier-Olympiade in Savognin initiiert, die BPO. Da waren Politikerinnen respektive Politiker aus dem Grossen Rat mit je einer Schülerin und einem Schüler aus ihrer eigenen Heimatregion zusammen auf der Piste unterwegs, beim Dreier-Parallelslalom auf dem FIS-Hang in Tigignas. Über 100 Teilnehmende dürften das jeweils gewesen sein, ein Anlass, den wir viele Jahre lang durchführen konnten. Für den Skiclub und die Bergbahnen waren das sehr wichtige und wertvolle Events. Überhaupt hat Leo auch für viele andere Rennen auf den Savogniner Pisten die Vorarbeit geleistet, er pflegte die Kontakte mit den Sponsoren und war auch für die Pressearbeit verantwortlich. Leo hat nichts unterlassen, um Savognin positiv zu verkaufen.

In meiner Zeit als Gemeindepräsident durfte ich im Jahr 1986 auch den damals neu gebauten Lai Barnagn mit der Doppelnutzung als Sommerbadesee und Winterparkplatz eröffnen – ein innovatives Projekt, das ebenfalls auf Leo und seine Mitinitiative zurückgeht.

Savognin wäre nichts ohne das Skigebiet. Und die Erhaltung dieses Skigebiets war immer das Ziel von Leo. So hatte er indirekt eine enorm wichtige Funktion auch für die Gemeinde. Das war schon so, als er Ende der 1970er-Jahre die erste Grossschneeanlage Europas durchgesetzt hat. Diese Anlage war auch für den Skiclub ein Segen – so hatten wir immer perfekte Pisten für das Training und unsere Rennen. Das hat uns vieles vereinfacht. Wir durften mit dem Club unter anderem auch Europacup- und ein Weltcuprennen austragen, Schweizer Meisterschaften und FIS-Rennen um die Graubünden-Trophy, die immer im Dezember stattgefunden haben. Stets mit Leo als tatkräftigem Mitstreiter neben und auf den Pisten.

Wenn dann mal alles wunschgemäss gelungen war, was man sich für einen Tag vorgenommen hatte, konnte man mit Leo auch einen Moment zusammensitzen und ihn herzhaft lachen hören. Dann war er einfach zufrieden.

Sep Guetg-Blaas, Savognin
Ehemaliger Skiclub- und Gemeindepräsident

“Ideen halten sich nicht.
Man muss sie verwenden.”
Leo Jeker

nen und Gemeinden «untragbar» einschränke. Die Beschneiung sei «eines der Hilfsmittel, die Zukunft zu bewältigen», sind die ITG-Vertreter überzeugt.

Das Stimmvolk sieht es letztlich in der Mehrheit ebenfalls so. Die Initiative wird mit 56 Prozent Nein-Stimmen abgelehnt. Beide Seiten geben sich wenig überrascht. In der Montagsausgabe der «Bündner Zeitung» nach dem Urnengang spricht SP-Graubünden-Präsident und Initiativkomitee-Mitglied Andrea Hämmerle von einem «Scherbenhaufen», während sich Leo «sehr zufrieden» mit dem Ergebnis und insbesondere «hoch erfreut» über den «Aufstand der Tourismusgemeinden» zeigt. «Es handelt sich um eine deutliche Stellungnahme der betroffenen Bevölkerung.» Die – so Leo – «Schnapsidee», Schneeanlagen zu verbieten, ist Geschichte.

«Was mich besonders gefreut hat: Savognin hat die Initiative mit 335:16 Stimmen abgelehnt; insgesamt lag der Neinstimmen-Anteil im Oberhalbstein bei 85 Prozent. Aber auch Gebiete wie Arosa oder das Oberengadin haben die Vorlage mit über 70 Prozent Nein verworfen. Wir konnten also die Bedeutung des Wintertourismus für Graubünden erfolgreich aufzeigen. Früher hat man uns wegen der Schneeanlage ausgelacht, heute hat niemand mehr zu lachen, vor allem nicht ein Skigebiet ohne technische Beschneiung. Ich sage es immer wieder: Schnee ist unser täglich Brot, ‹la neiv è igl noss pang da mintga de›. Deshalb haben wir unsere Beschneiungsinfrastruktur auch laufend ausgebaut: 1997/98 im Raum Fugna und Monas, 2005/06 im Abschnitt Somtgant-Piz Martegnas, 2014/15 haben wir sie für die Talabfahrt erneuert, 2016 für Monas, 2022/23 für die FIS-Piste und für Fugna. Ausserdem haben wir 2018 ein Snowfarming-Schneedepot in Somtgant mit jeweils 25 000 bis 30 000 Kubikmetern Schnee eingerichtet. Inzwischen kann ich feststellen: Heute gibt es im Alpenraum praktisch keine mittleren und grösseren Skigebiete ohne umfangreiche Schneeanlagen mehr. Und je länger, je mehr bin ich der Ansicht, dass die technische Beschneiung eine Service-

Public-Aufgabe ist, weil ohne fahrbare Pisten auch die Hotelbetten einer Region auf der Kippe sind, die Gastronomie, der Handel, das Gewerbe, und so weiter. Übrigens: Auch selbstgemachter Schnee wird immer wieder zu Wasser!»

Danach kommt es beispielsweise im Kanton Bern ebenfalls zu einem ähnlichen Volksbegehren wie in Graubünden, auch dort trägt Leo als Referent dazu bei, die Vorlage zu stoppen: Im November 1993 wird die Initiative «Schneekanonen: Ja, aber mit Mass» vom Berner Stimmvolk deutlich verworfen. Ebenfalls anfangs der 1990er-Jahre will die Tiroler Landesregierung grosse Schneeanlagen verbieten – daraufhin wird im Hospiz auf dem Arlberg kurzerhand eine «Beschneiungs-Enquete» ins Leben gerufen, die gegen die Pläne mobil macht. «Leo Jeker hat mit einem leidenschaftlichen Vortrag dazu beigetragen, dieses Ansinnen wieder zu schubladisieren», wird sich 30 Jahre später der Tiroler Seilbahn- und Tourismusexperte Hannes Parth zurückerinnern.

1991. Aussenwettstandort

Savognin in «Wetten, dass ..?» – Rückkehr in die Politik – Wahl in den Grossen Rat

Ein Coup ganz anderer Art gelingt Leo im Jahr 1991: Wieder einmal kommt Savognin mit relativ geringem Aufwand zu einem enormen Werbeeffekt. Das Skigebiet ergattert sich einen Auftritt in der legendärsten Samstagabend-Eurovisionssendung des Zweiten Deutschen Fernsehens ZDF, des Österreichischen Rundfunks ORF und des Schweizer Fernsehens SRF: Savognin wird Standort der

Mit Bernhard Russi bei den Aussenaufnahmen für «Wetten, dass ..?», 1991.

Mit Tobias Kuoni auf der Schesaplana, 1991.

Aussenwette in der von Thomas Gottschalk moderierten Unterhaltungsshow «Wetten, dass ..?» vom 2. März 1991. Es ist die Zehn-Jahre-Jubiläumsausgabe der Sendung, über die Bühne geht sie in der Duisburger Rhein-Ruhr-Halle, vor den Fernsehgeräten zu Hause sitzen insgesamt rund 30 Millionen Zuschauerinnen und Zuschauer. Begonnen hat das Ganze mit einem persönlichen Kontakt von Leo zu einer Werbeagentur in der Limmatstadt.

«Das war eine verrückte Sache. Nach einer Sitzung in Zürich und zwei Augenschein-Terminen haben wir den Zuschlag bekommen. Der Hauptgrund waren unsere beschneiten Pisten. Die Bedingung war: Es braucht eine sehr gute Nachtbeleuchtung der FIS-Piste in Tigignas. Die Sendung wurde ja samstagabends live gesendet. Deshalb haben wir die Piste mit topaktueller Technik komplett neu beleuchtet. Ab 15 Uhr haben wir dann am Tag der Show alle Gäste gratis an den Berg fahren lassen. Am Abend waren so über 3000 Leute als Publikum in Tigignas. Eine Riesensache. Ich konnte Bernhard Russi überzeugen, als Vorfahrer mitzumachen, und Russi hat geschaut, dass wir auch noch Willy Bogner kriegen.»

Wettkandidaten sind die beiden deutschen Freizeitsportler Johann «Hans» Oberhofer und Hubert Graf – ein Bankkaufmann und ein Raumausstatter – aus Erling bei München; Wettpatin ist die deutsche Komikerin und TV-Moderatorin Hella von Sinnen. Ihre Wette: Sie behaupten, dass Oberhofer und Graf zu zweit auf einem einzigen Paar Ski einen Riesenslalom-Kurs schneller herunterfahren können als zwei Weltklassefahrer. Als «Gegner» bringt das «Wetten, dass ..?»-Team zwei Profi-Legenden an den Start: den Österreicher Franz Klammer und den Deutschen Frank Wörndl. «Wörndl war extrem ehrgeizig und wollte unbedingt gewinnen. Normalerweise wissen die Wettgegner ja nicht, um was es geht. Aber die beiden erfuhren es früh und trainierten dann mehrere Tage bei Willy Bogner in St. Moritz», wird sich Oberhofer drei Jahrzehnte später im Gespräch mit der Newsplattform «merkur.de» erinnern.

Auf der rund 1000 Meter langen Riesenslalom-Piste in Tigignas müssen nach dem Vorfahrer-Doppel Russi/Bogner zuerst die Profis und dann die Amateure auf ihren Tandem-Ski je 21 Tore bewältigen. Russi ist oben am Start als Kommentator im Einsatz, im Zielbereich übernimmt Bogner. Klammer und Wörndl fahren los – und legen eine Zeit von 38.92 Sekunden vor. Knapp zu gut für Oberhofer und Graf: Sie brauchen 1.81 Sekunden länger – und verlieren damit ihre Wette. Oberhofer rückblickend: «Die Enttäuschung hielt sich in Grenzen. Beim ZDF hiess es nach der bis dahin teuersten Aussenwette: Hauptsache eine gute Show. Und wir hatten eine tolle Zeit, wurden drei Tage im Hotel und im Ort hofiert.»

Das Jahr 1991 markiert auch Leos Rückkehr in die Politik, rund 30 Jahre nach seiner Einsitznahme im Jugendparlament in Chur. Er wird als Mitglied in die Geschäftsprüfungskommission (GPK) seiner Wohn- und Bürgergemeinde Zizers gewählt, ausserdem wird er Grossratsstellvertreter für den Kreis Fünf Dörfer. Leos Engagement im Kantonsparlament angeregt hat sein Mentor Tobias Kuoni, der ja selbst bereits viel Erfahrung als Legislativ- und Exekutivpolitiker hat: Grossrat von 1957 bis 1971, Standespräsident in der Periode 1970/71, Regierungsrat von 1972 bis 1982. Leos Partei ist inzwischen die SVP Graubünden, für die auch Tobias Kuoni gewirkt hat.

«Bis Anfang der 1990er-Jahre habe ich politisch nichts mehr gemacht, mir hat einfach die Zeit gefehlt. Nur für Tobias Kuoni war ich gelegentlich im Einsatz. Dann hat er mich mal gefragt, Grossrat, wäre das nicht etwas für dich? Du hast es ja so gut gemacht in der ITG. Ich fand zuerst, die Politik, das ist nicht so meine Welt. Und wir haben doch im Büro so viel zu tun. Ach, das kriegen wir schon hin, hat Tobias Kuoni geantwortet. Und sonst frage er auch mal die Isabella. Das hat er tatsächlich gemacht. Aber sie hat die Hände verworfen, nein, das sei nichts für sie. Schlussendlich konnte er mich doch überreden. Ich bin dann sukzessive in weitere Ämter hineingekommen. Ab 1994 und bis 2018 durfte ich den Kreis Fünf Dörfer als reguläres Grossratsmitglied im Parlament vertreten, und ich wurde immer mit einem guten Resultat gewählt, 2010 sogar mit dem besten im Kreis, das hat mich speziell gefreut. Und in Zizers wurde ich 1995 für zwei Jahre Präsident der GPK, anschliessend war ich zwei Jahre lang Mitglied des Gemeindevorstands. Mir hat vor allem der Einsatz im Grossen Rat sehr gefallen, ich fand, da kann ich etwas für den Tourismus bewirken. Schritt für Schritt bin ich dort auch in die parlamentarischen Kommissionen hineingekommen, da habe ich äusserst gerne mitgemacht. Man kann so viel bewirken, trifft so viele Menschen, reist in die Täler. Für die SVP Graubünden, das muss ich betonen, respektive ab 2008 für die BDP – dort habe ich mich wohl gefühlt. Mit dem Stil der Zürcher SVP konnte ich nie etwas anfangen, das ist nie mein Ding gewesen. Wir haben quasi unsere eigene Republik, habe ich gesagt, wir dürfen uns da nicht dreinreden lassen. Wir gehen auch nicht nach Zürich und mischen uns dort ein. Das käme uns gar nicht in den Sinn. Ja, letztlich muss ich zugeben, ich bin – abgesehen vom Jugendparlament – eher spät in die Politik gekommen. Aber es war nicht falsch, sonst wären die Grünen noch stärker.»

1992. Umweltschutzpragmatik

Leo und «die Grünen» – Kampf gegen Bevormundung – Arbeit mit den Bewilligungsbehörden – Umweltepisoden

Leo und «die Grünen»: ein besonderes Kapitel im Leben des gelegentlich auch als «Grünenfressser» bezeichneten Touristikers. Sein Credo geht schon aus einem Flyer für die Vereinigung der Seilbahnen und Skilifte Graubünden aus dem Jahr 1985 hervor: Die Bergbahnen gehören zu den Hauptträgern des Fremdenverkehrs und damit der Volkswirtschaft Graubündens. «Nur 0,8 Prozent der Gesamtfläche des Kantons werden im Winter als Skipisten bearbeitet. Ein Vielfaches steht unter Naturschutz.» Nur 0,07 Prozent der Fläche Graubündens seien für Skipisten planiert, aber grösstenteils nach den neusten Methoden mit Erfolg begrünt. Und nicht zuletzt: «Nur 2 Prozent der Berggipfel über 2500 Meter über Meer sind in Graubünden mit einer Transportanlage erschlossen.» Das Fazit: «Das ist sinnvolle und massvolle Winternutzung einer kleinen, sonst brach liegenden Fläche.» Was wäre der Alpenraum ohne Bergbahnen und ohne Schnee? Für Leo ist die Antwort klar: das Armenhaus Europas. «Auch nur annähernd vergleichbare Alternativen zum Tourismus gibt es für die

Im Gespräch mit Gewerbedirektor Jürg Michel, dem damaligen SP-Grossrat Peter Peyer und Anita Mazzetta vom WWF Graubünden in Parpan, 2004.

Begehung mit Gemeindepräsident Gaudenz Carisch (links) und Christian Geiger von Pro Natura in Radons, ca. 2007.

Alpentäler nicht.» Als «Ureinwohner des Alpenraums leben wir mit und vom Schnee. Schnee geht uns alle an. Schnee ist unser Brot.» Ein Dorn im Auge ist ihm insbesondere die erwähnte Alpenschutzkommission Cipra, gegen die er sich seit deren Anfängen strikt zur Wehr setzt, «um einer weiteren einseitigen Bevormundung der Gebirgsregionen den Riegel vorzuschieben», wie er es formuliert. «Umweltschutz ja, aber in einem vernünftigen Verhältnis. Also so, dass wir in einem Gebirgskanton gegenüber den Zentren nicht benachteiligt werden.»

Auch in seinen Zeitungskolumnen, die er seit den 1980er-Jahren regelmässig für das «Bündner Tagblatt» schreibt, spricht sich Leo teils vehement und unmissverständlich gegen «grüne» Anliegen und das aus seiner Sicht als «Verhindern» wahrgenommene Agieren der Umweltorganisationen aus. Umso erstaunlicher scheint es da, dass es bei Konzessionen und Baubewilligungen gerade auch am Savogniner Berg selten Probleme gibt. Doch Leo setzt auf eine besondere, eine pragmatische Taktik.

«Ich habe die Bewilligungsbehörden immer früh kontaktiert, also noch vor der Detailplanung eines Projekts. So konnten wir die Anregungen der kommunalen, kantonalen und wo nötig auch nationalen Behörden – und damit indirekt jene der Umweltorganisationen – in die Planung miteinbeziehen. So haben wir es beispielsweise Ende der 1970er-Jahre bei der Schneeanlage gehandhabt oder später beim

Bau der Sechsersesselbahn auf den Piz Martegnas. Schon Tobias Kuoni hat es so gemacht, er hat stets die Amtsleute frühzeitig involviert. Zu meiner Zeit war es vor allem das Amt für Natur und Umwelt Graubünden. Ich bin da jeweils den Dienstweg gegangen. Wenn nötig, haben wir auch immer einen Augenschein vor Ort durchgeführt. Wie damals bei der Beschneiung mit Georg Ragaz vom Kanton. Nicht, dass einem plötzlich Hürden oder unerwartete hohe Kosten entstehen, weil man nicht rechtzeitig Vorabklärungen getroffen hat. Als es um den Ersatz des Martegnas-Skilifts ging – mehr als zwei Kilometer Schlepplift, das war einfach nicht mehr zumutbar –, mussten wir oben am Gipfel eine Felssprengung vornehmen. Auch das habe ich mit Georg Ragaz im Voraus angeschaut. Ich wollte wissen, wie er das sieht, was wir beim Sprengen beachten müssen, was weg kann und was wir stehen lassen müssen. Er fand dann, einen Teil in Richtung Süden sollte man belassen. Und so haben wir es umgesetzt: Nur auf der Nordseite haben wir eine Gipfelhälfte entfernt. Ich betrachte das heute noch als eine gute Sache. Und das sind ja Fachleute mit Erfahrungen und Ideen, man muss ihr Wissen zusammentragen und nutzen. Das habe ich immer so gemacht. Und deshalb hatte ich in all meinen aktiven Jahren an der Front in Savognin bei keinem der geplanten und ausgeführten Projekte eine Einsprache.»

Verschiedene Episoden in Zusammenhang mit Natur und Umwelt bleiben Leo nachdrücklich in Erinnerung. So auch jene um das Moorgebiet Tgeps oberhalb von Scargneras bei Radons. Sommers ist es ein Alpgebiet, winters führt dort die sogenannte «Traumpiste» vom Piz Martegnas nach Naladas durch.

«Die Alpkorporation Val Nandrò und auch die Bergbahnen sind stolze Besitzer von grösseren Moorflächen. Dazu haben die Umweltfachstellen des Kantons und des Bundes früher einfach Publikationen gemacht: Es gab Moor-Schutzgebiete von regionaler, kantonaler und nationaler Bedeutung. Und das Moor bei Tgeps sollte plötzlich von nationaler Bedeutung sein. Als der damalige Alppräsident Bonifazi

Caspar das erfahren hat, hat er mich angerufen, und ich sagte, ich komme sofort. Wir haben dann einen Augenschein mit einem Vertreter des Amts für Natur und Umwelt organisiert. Das war ein ganz junger Doktorierter, und er wollte fast nicht mehr aufhören mit seinen Ausführungen. Bonifazi Caspar ist immer unruhiger geworden. Hat ständig nervös mit seinem Stecken herumgemacht und angefangen, Zeichen zu geben, man solle jetzt stoppen. Da habe ich gesagt, nun müssen wir doch mal den Herrn Alppräsident zu Wort kommen lassen. Wir haben glaubs genug erfahren, das geht so nicht, hat der Bonifazi Caspar zum Doktorierten gemeint. Jetzt gehen Sie zurück nach Chur und schreiben das ab mit der nationalen Bedeutung, denn damit sind wir nicht einverstanden. Das ist Alpboden, und hier bin ich der Präsident. Fertig. Ich habe dann ebenfalls erklärt, das gehe zu weit mit der nationalen Bedeutung, das sei unverhältnismässig und schädige die Alpkorporation. Wir haben empfohlen, den Schutzstatus der Fläche von national auf regional zurückzustufen. Abbruch der Übung vor Ort. Und einige Monate später erhielten wir tatsächlich die Mitteilung, das Moorgebiet sei von regionaler Bedeutung.»

In Umweltfragen attestiert sich Leo als Privatperson notabene einige Sensibilität. Schon in den 1980er-Jahren kauft er sich als einer der Ersten in Graubünden einen mit bleifreiem Benzin betriebenen Volvo – zu einer Zeit, als es noch schwierig ist, überall und jederzeit die entsprechende Zapfstelle zu finden. Zum Beispiel in Italien, was er 1985 bei seiner Fahrt zu Serge Lang nach Sestriere zu spüren bekommt: Auf dem Rückweg in die Schweiz muss er das Auto in der Nähe von Mailand abtransportieren lassen und sich ein Hotelzimmer suchen. Erst am nächsten Morgen kann er endlich «Senzapiomba» tanken. Sein eigenes Haus rüstet er später von der unökologischen alten Ölheizung auf Erdwärme um; nur auf ein Solardach verzichtet er wegen des damals unverhältnismässigen Aufwands. Und bei der Überbauung Rosgarten in Zizers, deren Realisierung er von 2012 bis 2016 als Bürgerratspräsident leitet, setzt er für die entstehenden Wohneinheiten auf einen Anschluss ans Fernwärmenetz der Gevag-Kehrichtverbrennungsanlage im nahen Trimmis. Der Rosgarten wird in den Medien denn auch als «grüne Überbauung» rezipiert: Auf 13 500 Quadratmetern Bürgerboden entstehen direkt beim Bahnhof Zizers 13 Einfamilien- und sechs Mehrfamilienhäuser mit bezahlbaren und teilweise im Grundbuch als Mietobjekte verankerten Wohnungen, die Raum für insgesamt 230 bis 250 Einwohnende bieten.

Eine weitere Anekdote in Zusammenhang mit den Umweltorganisationen erzählt Leo aus dem Jahr 2011. Ab 2009 unterstützt er die Initiantinnen und Initianten des weltweit ersten Solarskilifts in Tenna im Safiental bei der Realisierung ihrer Innovation; Solarskilift-Promotor Edi Schaufelberger hat ihn ins Boot geholt, weil die Umweltseite das Projekt abzulehnen droht und das Vorhaben stockt.

«Die Idee stammte von Felicia Montalta, damals Leiterin des Enjoy-Switzerland-Projekts im Safiental. So eine gute Sache, fand ich. Das kriegen wir hin. Im September 2011 machten wir eine Begehung mit allen Beteiligten inklusive Umweltverbände. Mit dabei war unter anderen auch der damalige Nationalrat Hansjörg Hassler. Der Naturpark Beverin, in dessen Perimeter sich Tenna befindet, war für das Projekt, der Vertreter von Pro Natura Graubünden hingegen sprach sich dagegen aus. Die mündliche Begründung: Die Solarpanels würden blenden, wenn Berggänger mit dem Feldstecher die Gegend ins Visier nähmen, das gehe doch nicht. Lautes Gelächter im Raum. So ein Blödsinn! Ich schlug dann folgendes Vorgehen vor: Die Arbeitsgruppe erwarte bis am nächsten Tag um 9 Uhr Bericht von den Umweltorganisationen, ob sie mit dem Projekt einverstanden seien oder nicht. Gebe es ein Nein, dann werde man die Medien darüber orientieren, dass zwar die Region diese innovative ökologische Weltneuheit wolle, die Umweltseite aber nicht. Die Vertreterin des WWF Graubünden gab noch vor Ort ihre Zustimmung. Und von Pro Natura kam das Ja am folgenden Morgen.»

1993. Hochgebirgsrekord

Auf den Mont Blanc – Veränderungen im Nandrò-Aktionariat

Zurück in die 1990er-Jahre. Zu seinem 50. Wiegenfest erfüllt sich Leo, schon fast eine kleine Tradition an runden Geburtstagen, einen aussergewöhnlichen Wunsch. Sein Plan: Er will den Mont Blanc besteigen, den mit knapp 4806 Metern höchsten Berg der Alpen.

«*Am frühen Morgen bin ich mit einem Bergführer mit der Bergbahn von Chamonix zur Aiguille du Midi hoch. Isabella hat zwar viele Hochgebirgstouren mit mir gemacht, sie ist in diesem Fall aber bei der Mittelstation geblieben. Der Bergführer, notabene 25 Jahre jünger als ich, wollte die Tour in zwei Tagen absolvieren, also mit einer Übernachtung auf der Aiguille. Ich hatte aber nur einen Tag Zeit, also sind wir los. Doch schon bald wollte der Bergführer umkehren. Ich war ihm zu schnell unterwegs. Ich bot ihm dann an, seinen Rucksack zu tragen. Aber auch so war ich noch zu schnell. Er hatte grosse Mühe, mir zu folgen, fragte sogar nach Koramin. Das sind Lutschtabletten, die man zur Behandlung von Ermüdungserscheinungen und Beschwerden einsetzt, die durch einen Höhenaufenthalt oder Luftdruckveränderungen hervorgerufen werden. Ich hatte zufällig sogar etwas davon im Rucksack. Es ging weiter, wir überholten laufend andere Bergsteigergruppen. Und auf dem*

Mit Bergführer auf dem Mont Blanc, 1993.

Gipfel kam dann plötzlich die Wende: Rekord!, rief der Bergführer, 3 Stunden 45 Minuten ab Aiguille du Midi! Für den Rückweg schlug er vor, dieselbe Route zu nehmen, weil auf der Westseite in Richtung Chamonix Gefahr durch Gletscherabbrüche bestehe. Sogar auf dem Gipfel hatten wir eine Temperatur von 5 Grad plus... Ich trug dann auch bergab seinen Rucksack. Er schien am Ende seiner Kräfte zu sein. In der Luftseilbahn sass er nur noch in einer Ecke. Isabella ist erschrocken, als sie bei der Mittelstation dazustiess. Am nächsten Tag hörte ich nachmittags von einem schlimmen Unglück wegen Gletscherabbrüchen auf der Westseite des Mont Blanc. Mehrere Menschen waren ums Leben gekommen. Ich rief sofort meinen Bergführer an und gratulierte ihm zum Entscheid, für den Rückweg nicht die Westseite gewählt zu haben. Er freute sich sehr darüber, und die Welt war für ihn offensichtlich wieder in Ordnung.»

In Savognin kommt es in dieser Zeit zu grösseren Veränderungen im Aktionariat der Bergbahnen: Zwei Stammaktionärsfamilien ziehen sich aus der Gesellschaft zurück. Die Beteiligung von Reto Kirschke, dem Sohn des 1972 verstorbenen Hermann Kirschke, wird 1992 von Renzo

Tandem-Gleitschirmflug mit Josef Kratzer, 1994.

Familie Jeker: Björn, Ivar, Isabella und Leo, 1994.

Cavegn übernommen, und 1995 erwirbt Jörg Pool die Aktien der Familie Stuppan. Sebastian Stuppan ist 1993 gestorben, seine Tochter Maya De Marchi-Stuppan hat das Verwaltungsratsmandat noch zwei Jahre weitergeführt. Letztlich verbleibt damit von den Gründeraktionären nur noch Tobias Kuoni. Er hat das Präsidium des Verwaltungsrats von 1962 bis 1971 innegehabt, das Amt dann aber während seiner Zeit als Bündner Regierungsrat seinem Bruder Andreas Kuoni überlassen. Seit 1982 ist er nun wieder Präsident des Gremiums.

1998. Lehrmeisterverlust

Tod von Tobias Kuoni – «Funliner» – Olympiahoffnungen

1998 wird Reto Mengiardi zum Nachfolger von Tobias Kuoni gewählt und dieser zum Ehrenpräsidenten ernannt. Im Oktober 1998 stirbt Tobias Kuoni in Maienfeld. Leo muss Abschied nehmen von seinem Mentor und Freund, mit dem ihn so viele Erinnerungen verbinden, berufliche, aber auch private.

«Meine Eltern sind 1962 von Churwalden nach Chur gezogen, in eine Wohnung am Heidiweg, die von uns verwaltet wurde. Ich vergesse nicht, wie Tobias Kuoni und ich

dort jeweils gemeinsam Weltcuprennen angeschaut haben, am Fernsehen: Wengen zum Beispiel, oder Kitzbühel. Und meine Mutter hat immer Maluns für uns gekocht.»

Am Grab seines einstigen Lehrmeisters blickt neben Leon Schlumpf auch Leo in einer sehr persönlichen Ansprache – hier stark gekürzt – zurück:

«In den letzten Monaten fanden Tobias und ich vermehrt Zeit für das persönliche Gespräch. Ich fragte mich, was uns in den 39 Jahren engster Zusammenarbeit eigentlich so verbunden hat. Vom ersten Lehrtag an war ich begeistert von meinem ‹Chef›. Seine Einfachheit, seine Offenheit, sein Humor, seine Klarheit, sein Wille, seine Schaffenskraft. Wie mein Vater. Tobias Kuoni wurde für mich mein geistiger Vater, persönlich, beruflich und politisch. Als Anwalt wollte er einfach helfen, wenn jemand nicht mehr weiter wusste. Tobias Kuoni wollte auch Werke vollbringen, die der Allgemeinheit, der Bevölkerung in den Bergen, Arbeit und zur Landwirtschaft unerlässlichen Nebenverdienst brachten. Im Oberhalbstein wurde es möglich, praktische nützliche Berghilfe mit einer wirtschaftlichen Unternehmung zu vereinigen. Das ist tätige Berghilfe. Das ist die Idee von Savognin. Die grösste Freude für Tobias Kuoni war, dass der ‹Karren› in so kurzer Zeit zum Laufen gebracht werden konnte. Das Konzept bewährte sich. Savognin zählt wieder 1000 Einwohner.»

Tobias Kuoni in Radons, 1995.

Das letzte von Tobias Kuoni noch mitgestaltete Werk der Bergbahnen, die

«Der Mann mit der grossen schwarzen Agenda»

Meine ersten Kontakte mit Leo Jeker hatte ich als Zizerser Gemeindevorstandmitglied im Jahr 1991. Von 1991 bis 1996 war Leo Mitglied der Geschäftsprüfungskommission (GPK) der Gemeinde. Anfänglich war er für mich immer der Mann mit der grossen schwarzen Agenda, in der er laufend Termine und Notizen festhielt. Mich beeindruckte seine Person und seine akribische Arbeitsweise. Er war ruhig, zielorientiert und voller Tatendrang. Von 1995 bis 1996 war er dann Präsident der GPK. Dem Gemeindevorstand gehörte Leo von 1997 bis 1998 an. Die Chemie zwischen ihm und mir war von Anfang an sehr gut.

Bei all seinen Tätigkeiten war und ist ihm die Nachhaltigkeit von getätigten Investitionen sehr wichtig. Und Leo hatte viele visionäre Ideen – für mich waren sie teilweise schon fast realitätsfern. Eine dieser Ideen war die Vision Tardis, von der er mich immer mehr überzeugen konnte. Ich kann mich noch gut erinnern, wie Leo die ersten Kontakte zu Ernst Nigg, dem damaligen Gemeindepräsidenten von Igis, zum Thema Tardis einfädelte. Dabei zimmerten Leo und Ernst die Idee der Industriezone. Das war im Spätsommer 1995. Kurz darauf, am 21. August, hatte Leo die Traktandenliste für ein erstes Gespräch beisammen. An dieser Sitzung nahmen folgende Personen teil: Ernst Nigg, Fritz Castelberg als Gemeindepräsident von Zizers, Roland Tremp als Planer sowie Leo als Visionär und Macher aus dem Zizerser Geschäftsprüfungskommission.

Nach dieser Initialzündung ging es Schlag auf Schlag. Fritz Castelberg scherte aus. Leo und ich – damals Vizepräsident der Gemeinde Zizers – trafen uns dann rasch mit Karl Wachter, dem damaligen Bürgergemeindepräsidenten. Innerhalb des Gemeindevorstands und auch in der Gemeindeverwaltung kam unser Vorgehen nicht überall gleich gut an. Doch dieser Widerstand motivierte uns noch mehr, die Idee weiterzuverfolgen. Die Zusammenarbeit mit dem damaligen Bürgergemeindepräsidenten war immer sehr konstruktiv. Schlussendlich machten Leo und ich zusammen mit Ernst Nigg und Karl Wachter weiter. Wir hatten noch einige Hindernisse zu überwinden. Zu einem späteren Zeitpunkt konnten wir für das Gebiet Tardis den Landabtausch zwischen der Gemeinde und der Bürgergemeinde von Zizers vorbereiten. Das heisst, die Vision Jeker konnte in die Wege geleitet werden. Die weiteren Arbeiten erfolgten dann mit dem neuen Gemeindepräsidenten Bartholome Hunger.

Eine Überbauung Rosgarten in Zizers wurde von Leos Vorgänger Karl Wachter und der Gemeinde immer wieder diskutiert. Aber die Gespräche verliefen wiederholt im Sand. Im Jahre 2011 übernahm dann der Visionär Leo das Bürgerratspräsidium. Es überraschte mich nicht, dass in den Jahren 2012 bis 2016 die Überbauung Rosgarten geplant und umgesetzt wurde. Auch diese Vision wurde blitzartig an die Hand genommen, und nach fünf Jahren war das Projekt umgesetzt. Dabei ist festzuhalten, dass die Überbauung Rosgarten dank der Fernwärme des Gevag CO^2-neutral realisiert werden konnte.

Auch in meiner Zeit als Gemeindepräsident trafen wir uns regelmässig und tauschten uns aus. Ein interessantes Paradebeispiel der guten Zusammenarbeit war die Burg Friedau. Die Gemeinde Zizers, die Bürgergemeinde und die Kreisgemeinden hatten aus Kostengründen kein Interesse daran, die Burg zu erwerben. In der Folge entschied der Kreisrat, die Burg zu veräussern. Der Beschluss für die Versteigerung war durch den Kreis schon terminiert und im Amtsblatt publiziert worden. Da es sich um ein Wahrzeichen der Gemeinde Zizers handelt, waren Leo und ich der Meinung, wir müssten alles daransetzen, die Burg Friedau vor der Versteigerung zu bewahren. Wir fanden einen möglichen Interessenten in der Vereinigung Pro Castellis. Für eine Übernahme mussten wir sehr kurzfristig Abklärungen treffen, die für die Entscheidungsfindung betreffend eine mögliche Sicherung der Burg notwendig waren. Dies hatte Kosten zur Folge, die die finanzielle Kompetenz des Gemeindepräsidenten überschritten hätte. Doch gemeinsam konnten wir das benötigte Geld aufbringen und die erforderlichen Vorabklärungen in Auftrag geben. Durch unsere gute Zusammenarbeit schafften wir es, die Versteigerung abzuwenden. Die Burg konnte an die Pro Castellis weitergegeben werden. Dank ihr wurde die Burg Friedau aufwendig gesichert und restauriert. Ich bin überzeugt, dass es das Bauwerk ohne unser unbürokratisches Vorgehen und ohne unser rasche Handelns in der heutigen Pracht nicht mehr gäbe.

Leo, Leute wie Dich sollte es in der Politik oder Wirtschaft noch mehr geben. Du bist nicht nur ein Visionär und Macher, sondern auch ein toller Mensch und Freund. Ich hoffe, dass wir uns weiterhin austauschen können, sei es mit oder ohne schwarze Agenda.

Peter Lang, Zizers
Langjähriges Mitglied im Gemeindevorstand Zizers und Gemeindepräsident sowie neun Jahre Vizepräsident der Anstalt Tardis

“ Nennt mich nicht CEO. Mein Name ist Leo. Ihr verwechselt das «C» mit dem «L».
Leo Jeker ”

“ Ich war immer gerne Tourismusbüazer.
Leo Jeker ”

Sechsersesselbahn auf den Piz Martegnas – die vorderhand längste der Schweiz –, steht zu diesem Zeitpunkt kurz vor der Vollendung. Noch im September 1998 hat der scheidende Verwaltungsratspräsident die Baustelle besucht, mit Teias Wasescha und Leo. An der Generalversammlung vom 17. Oktober ist er krankheitshalber bereits nicht mehr anwesend, er wendet sich aber schriftlich ein letztes Mal an die Aktionärinnen und Aktionäre: «Die grösste Freude können Sie mir bereiten, wenn Sie alle zusammenhalten und das gemeinsam erarbeitete Werk pflegen wie bis heute.»

Ebenfalls 1998 stellt Leo gemeinsam mit Postauto Graubünden einen direkten Busbetrieb von Chur via Cazis, Thusis und Sils im Domleschg nach Savognin auf die Beine. Der erste «Funliner» der Alpen, so der Name des Fahrzeugs, bringt Schneesportlerinnen und Schneesportler an den Wochenenden und am Mittwochnachmittag ohne Umwege auf die Savogniner Pisten – als Alternative zur umständlichen Anreise mit dem öffentlichen Verkehr, und das in einem trendig gestalteten Bus mit clubartiger Innenausstattung.

Bereits gescheitert ist zu diesem Zeitpunkt ein weiteres Bündner Projekt für das Beherbergen eines Sport-Grossanlasses. Olympia in Graubünden: In der Junisession 1997 hat Leo seine Kolleginnen und Kollegen im Grossen Rat dazu aufgefordert, mutig «auch wieder einmal hohe Ziele zu stecken». Konkret: eine Kandidatur von St. Moritz für die Ski-Weltmeisterschaften 2003 und eine Bündner Kandidatur für die Olympischen Winterspiele im Jahr 2010. Und zwar dann, wenn die Olympiaträume des Walliser Hauptorts Sion für 2006 platzen. In der Tat erhält Sion den Zuschlag für die Spiele nicht; er geht an Turin. Doch die erste kalte Dusche für die Bündner Grossanlass-Promotoren kommt im September 2000: Das Stimmvolk sagt Nein zum Kredit für die Weltmeisterschaften. «Jetzt erst recht», lässt Leo in dieser Situation verlauten. Mit den Plänen für Olympia 2010 in Graubünden soll weitergemacht werden, als wäre nichts gewesen. Kurz darauf steigen auch noch die Kantone Zürich und Schwyz als willkommene Partner in die Planung ein. Die Kandidatur sieht nun Eröffnungs- und Schlusszeremonien in Davos als Gastgeberort vor, daneben sollen in den Regionen St. Moritz, Chur-Laax-Lenzerheide, Zürich-Kloten-Bülach und Einsiedeln Wettbewerbe durchgeführt werden. Doch ein knappes Jahr später kommt bereits die zweite kalte Dusche. Das Schweizer Sportparlament zieht Olympische Spiele in Bern dem Projekt in Graubünden, Zürich und Schwyz vor. Der Olympiatraum ist – einmal mehr – geplatzt. Dasselbe Schicksal ereilt wenig später bekanntlich auch die Berner Pläne. Die Winterolympiade 2010 wird an das kanadische Vancouver vergeben.

Im Savogniner Skigebiet,
Winter 1999/2000.

«Ich bin überzeugt, dass wir in Graubünden Grossanlässe wie die Olympischen Winterspiele brauchen. Wir sind dafür prädestiniert. Es ist an der Zeit, die Olympiade nach 1948 ein weiteres Mal in unseren Kanton zu holen. Ich war aus Überzeugung Mitinitiant der Kandidatur für 2010 und später auch Mitglied der Kerngruppe für die Spiele im Jahr 2022 oder 2026 in Graubünden. Leider hat es nicht geklappt. Es bleibt die Hoffnung, dass Bündner Winterspiele ein Ziel der kommenden Generationen bleiben.»

1999. Querverbindungspläne

Mitwirkung am Kantonalen Richtplan – Politischer Einsatz für Tunnels

Ein anderes wichtiges Anliegen von Leo sind Skigebietsverbindungen. 1999 und 2000 vertritt er die Bündner Wirtschaftsverbände in der Lenkungsgruppe für die Revision des Kantonalen Richtplans und setzt sich dabei besonders für die raumplanerischen Vorbereitungen solcher Projekte ein, unter anderem für die Verbindungen Arosa-Lenzerheide, Splügen-Madesimo oder Samnaun-Serfaus, aber auch für eine Bahn von der Glarner Seite nach Laax oder von Arosa in Richtung Davos. Dass viele dieser Ideen im Richtplankonzept so vermerkt werden, sorgt für den sofortigen Austritt der Umweltvertretung aus der Lenkungsgruppe.

«Weshalb wollte ich mehr im Richtplan drin haben, als realistischerweise möglich sein würde? Damit die linksgrünen Kreise ab und zu doch auch würden gewinnen können. Diese Möglichkeit muss man ihnen geben. Das war eine strategische Überlegung.»

Auch die Querverbindungen von Bündner Tälern durch Tunnels stuft Leo als bedeutende Anliegen ein. Dazu angeregt haben ihn die vielen Aufenthalte im Norden, in Skandinavien zum Beispiel oder auf den Färöern. Dort werden immer wieder neue derartige Projekte realisiert, um winters den Verkehr zwischen den Talschaften zu sichern. Eine Bahnröhre zwischen der oberen Surselva und Andermatt-Göschenen, zwischen Arosa und Davos, Klosters und Davos, der Mesolcina und Chiavenna, neue Verbindungen zwischen Scuol und Landeck oder dem Unterengadin und dem Vinschgau, die Porta Alpina in Sedrun – solche und ähnliche andere Projektideen sind es, die Leos Sympathien finden. Wirtschaftliches Wachstum erhofft er sich insbesondere auch dank einer Bahnvision des Bündner Ingenieurs Andrea Tuffli, die er unterstützt: «AlpTrain» heisst sie; sie soll Graubünden aus der «eisenbahntechnischen Isolation befreien», wie Tuffli 2010 gemeinsam mit Leo vor den Medien ausführt. Teil der Vorschläge sind eine schnelle Bahn-

Werbeposter für den «Pistennightclub Savognin», 2000er-Jahre.

verbindung von Zürich über Chur nach Davos, wobei zwischen den beiden letztgenannten Ortschaften ein Tunnel gebaut würde. Über unterirdische Haltestellen und Standseilbahnen, so die Idee, könnten auch die Tourismusregionen Arosa und Lenzerheide an dieses Netz angebunden werden; die Fahrzeiten mit der Bahn würden sich markant verkürzen. Ergänzend dazu hat Tuffli eine «Europa-Vision» als zweite Etappe von «AlpTrain» entworfen, Chur wäre darin die Drehscheibe einer neuen internationalen Hochgeschwindigkeits-Bahnverkehrsachse zwischen München, Zürich und Mailand. «Es gilt jetzt vorauszublicken und die Leitplanken der sehr langfristigen Verkehrsinfrastruktur-Sicherung zu setzen», wird Leo in der «Südostschweiz» zitiert. Doch die Initiative bleibt auf Papier.

2002. Gondelbahnstopp

Probleme in Radons – Tardisland wird Realität – Engagement in St. Gallen

In Savognin müssen die Bergbahnen unter Leos Leitung 2002 einen unpopulären Entscheid treffen. Es geht um die beliebte 5,2 Kilometer lange Gondelbahn via Malmigiucr nach Radons, im Erstellungsjahr 1969 die längste ihrer Art in Europa. Doch nach 33 Betriebsjahren ist sie veraltet – und problemanfällig.

«Wir hatten schon über Jahre hinweg zunehmend Schwierigkeiten mit dem Wind. Es kam immer öfter zu starkem Föhn im Tal, und das darf man nicht unterschätzen. Die Natur hat uns da einen Strich durch die Rechnung gemacht. Ich habe mir dann regelmässig die Statistik

geben lassen – es gab Winter mit bis zu 28 Tagen Betriebseinstellung der Anlage. Was sollten wir tun? Wir mussten die Sicherheit gewährleisten können, das ist das A und O. Wir waren besorgt. Es mussten ja auch bereits jedes Jahr die Masten zwischen Malmigiucr und Radons zurückverschoben werden, weil das Gelände immer stärker in Bewegung war. Wir mussten Mastenfundamente vergrössern und mit Schienenvorrichtungen ausrüsten, um sie für den nächsten Winter wieder bergwärts zu bewegen. Aber auch damit stiessen wir an Grenzen, es war nicht mehr zu verantworten. Ich weiss noch gut, wie auch unsere Mitarbeiter gesagt haben, wir können nicht mehr, und wir wollen auch nicht mehr. Das Risiko ist zu gross. Und sie hatten recht. Also haben wir uns an die Arbeit gemacht und nach Lösungen gesucht. Eine Sanierung der Bahn hätte mindestens 15 Millionen Franken gekostet, aber die enormen Windprobleme wären damit nicht gelöst gewesen. Die Alternative wäre der Neubau einer windstabilen Drei-Seil-Gondelbahn gewesen, wie es sie beispielsweise in Ischgl gibt. Aber so eine Anlage hätte mit über 40 Millionen Franken zu Buche geschlagen. Und das war völlig unrealistisch, sowieso für eine reine Zubringer- respektive Rückbringeranlage. Mit einer solchen Investition wären Konkurse vorprogrammiert gewesen. Aber das haben viele nicht verstanden. Es gab einen ziemlichen Wirbel. Auch der Gemeindevertreter im Verwaltungsrat hat sich zur Wehr gesetzt. Wir wollten aber die Gesellschaft, die Gemeinde und die Region vor solchen Problemen und Horrorzeiten verschonen. Also beschlossen wir die Stilllegung und den Rückbau der Gondelbahn und zogen das auch durch. Die einzige vernünftige Variante: die Strassenerschliessung von Radons und parallel dazu ein Skiweg zwischen Radons und Tigignas. Und dafür ein Top-Ausbau auf der Achse Savognin-Piz Martegnas. Hätten wir damals 40 Millionen Franken oder mehr für Radons investiert, ich bin überzeugt, wir wären in den folgenden Jahren mehrfach pleite gegangen. Und die Gemeinde wäre heute wohl ebenfalls im roten Bereich,

Der rote Snowliner nach Radons, 2008.

denn sie hätte vermutlich einspringen müssen. Wer sonst? Private hätten da nicht mehr mitgemacht, niemand. Aber uns ging es um die Region.»

Um trotzdem weiterhin den Anschluss von Radons auch für Nichtskifahrende gewährleisten zu können, kümmert sich Leo um eine Transportverbindung mit einem Raupenfahrzeug, eine Sonderanfertigung aus Deutschland. Der «Snowliner» verkehrt 2001 zwischen Tigignas und Radons und bietet Platz für 30 Personen. Doch sehr bald stellt sich heraus, dass das Gefährt unausgereift ist. Nach einem Jahr geht es zurück an den Hersteller – und bleibt dort. In den Einsatz kommt dafür ein kleineres, aber schnelleres Occasionsfahrzeug, das Leo in Finnland organisiert. Doch auch dessen Betrieb wird 2014 wegen des Sicherheitsrisikos, der geringen Förderkapazität, der schwachen Auslastung und der jährlichen Betriebskosten eingestellt. Seither verkehrt ein Winterbus auf der Strasse von Savognin nach Radons.

Im Raum Igis-Landquart-Zizers engagiert sich Leo zusammen mit Ernst Nigg (1952–2015) schon seit einer denkwürdigen ersten Sitzung am 21. August 1995 für ein Projekt, das inzwischen greifbar geworden ist: die Industriezone Tardisland. Leo vertritt die Gemeinde Zizers in der Lenkungs- und Koordinationsgruppe, bis 2001 die öffentlich-rechtliche Anstalt Tardis errichtet werden kann, eine Gründung der politischen Gemeinden Zizers und Landquart sowie der Bürgergemeinde Landquart. 2004 ist zwischen Mastrils, Igis-Landquart und Zizers eine zusammenhängende Nettofläche von 335 000 Quadratmetern Industrie- und Gewerbeland für die Ansiedlung von Unternehmen bereit – das «grösste Wirtschaftsgebiet der Südostschweiz». Erschlossen wird die Zone durch einen neuen Autobahnanschluss, eine neue Strasse und die ebenfalls neue Tardisbrücke. 2005 kann als erster grosser Wurf der Baurechtsvertrag für das Outlet Village abgeschlossen werden, das spätere Landquart Fashion Outlet. In den folgenden Jahren kommen immer mehr Firmen dazu, darunter Leuchttürme wie die auch in Hudson (USA) beheimatete Integra Biosciences AG. 20 Jahre nach der Eröffnung stehen von der Nettofläche nur noch 43 000 Quadratmeter zur Verfügung. Mit diesem Boden soll laut dem langjährigen Tardisland-Verwaltungsratspräsidenten Franz Hidber äusserst haushälterisch umgegangen werden. Im Gespräch mit «vilan24.ch» blickt Leo 2024 zurück:

«Möglich geworden ist das Projekt Tardisland nur dank der Schaffung entsprechender Strukturen. Die Entscheidungsprozesse müssen schnell und unkompliziert, die Zusammenarbeit der betroffenen Nachbargemeinden muss eng und einvernehmlich sein. Mit einer Landzusammenlegung und mit der Schaffung einer öffentlich-rechtlichen Anstalt konnten wir diese Voraussetzungen erfüllen und dem Tardisland den Weg zum Erfolg ebnen. Ernst Nigg, der sich an vorderster Front wohl am stärksten dafür eingesetzt hatte, durfte die Früchte seiner Vorarbeit leider nicht mehr erleben. Grosse Verdienste haben auch Peter Lang, Karl Wachter, damals Bürgerpräsident von Zizers, und Barthli Hunger, der damalige Vorsitzende des Lenkungsausschusses. Zwei Zahlen verdeutlichen die enorme Bedeutung des Werks Tardisland: Bis Ende 2023 haben die Gemeinden Landquart und Zizers sowie die Bürgergemeinde Landquart mehr als 28 Millionen Franken Gewinnausschüttung aus Bodenverkäufen erhalten. Wenn alles Land ver-

kauft und überbaut ist, werden rund 3000 Arbeitsplätze geschaffen sein, davon etwa 1000 Teilzeitstellen.»

Ein Beispiel für Leos Engagements ausserhalb Graubündens ist sein Einsatz für den Skilift Beckenhalde im St. Galler Stadtquartier St. Georgen. Die kleine Schneesportanlage, die der Feldschützen-Gesellschaft der Stadt St. Gallen gehört, dient nicht zuletzt der einheimischen Jugend als Einstiegsmöglichkeit in den Skisport. Der Hang gilt als ideal für die ersten Schwünge im Schnee, und das nicht erst seit dem Bau eines Lifts im Jahr 1971. Auch die städtischen Schülerskirennen in den 1970er- und 1980er-Jahren sind an der Beckenhalde als regelrechte Volksfeste in bester Erinnerung. Doch zu Beginn der 2000er-Jahre merkt man in St. Georgen, wie in vielen anderen kleinen Skigebieten in tieferen Lagen: Die schneearmen Winter werden immer mehr zum Problem. Das Projekt «Schneedüse Beckenhalde» wird lanciert; koordiniert wird es von einer Arbeitsgruppe unter dem gebürtigen Innerrhoder Aubrey Naef.

«Er wandte sich 2002 an mich. Aubrey Naef war lange Zeit im Schweizer Skiverband aktiv gewesen und sorgte sich um den Fortbestand des Skilifts. Jetzt sollte es eine Beschneiung geben. Also wurde ich Götti und Berater der Anlage. Damit wurden die Savognin Bergbahnen indirekt zu Partnern der Beckenhalde. Eine massgebliche Sponsorin des Skilifts war Alice Weber, die Witwe eines früh verstorbenen Professors am Kantonsspital St. Gallen. Mir ging es darum, sie und Aubrey Naef zu unterstützen, und ich wollte dabei mithelfen, den Kindern und Eltern aus der Region weiterhin in nächster Stadtnähe mittwochs und an den Wochenenden eine Skifahrmöglichkeit bieten zu können. Ich beriet die Leute vor Ort und pflegte die Kontakte zur Beschneiungsbranche. Ende April 2002 konnte das Baugesuch für die Beschneiung eingereicht werden, im August kam die Bewilligung mit Auflagen, und noch im Herbst konnte das Vorhaben realisiert werden. Alice Weber sponsorte die Schneeanlage entscheidend mit. Ab der Saison 2002/03 war die technische Beschneiung in Betrieb.»

2004. Seilbahnerehren

Auszeichnung in Kaprun – Das «Cube»-Hotel – Noch mehr warme Betten für Savognin

Das Jahr 2004 bringt für Leo sehr traurige, aber auch freudige Ereignisse. Den Tod seines damals 88-jährigen Vaters Leo Andreas musste er schon 1996 verkraften, nun schliesst sich der Lebenskreis seiner Mutter Regina kurz vor ihrem 93. Geburtstag im November.

Bereits im April hat Leo einen Anruf aus Uderns in Österreich bekommen: Am Draht ist Klaus Hönigsberger, Eigentümer des Fachmagazins «Seilbahn & Bus Tourismus» und Präsident des Internationalen Skiareatests, des bekannten anonym durchgeführten Qualitätschecks von Tourismusdestinationen im Alpenraum. Ausgezeichnet werden jedes Jahr jeweils «die Besten der Wintersaison».

«In jenem Jahr wurden die Preise an einer Veranstaltung auf der Burg Kaprun im Nationalpark Hohe Tauern vergeben. Ich bin etwas erschrocken, als Klaus Hönigsberger angerufen hat. Du musst nach Kaprun!, hat er gesagt. Ihr bekommt da eine Auszeichnung. Dein Ernst? Ja, alles ist schon vorbereitet. Wir also da hin, Teias Wasescha und ich, Dario Morandi von der ‹Südostschweiz› ist auch mitgekommen, und dann bekam ich tatsächlich die Auszeichnung als ‹Schweizer Seilbahner des Jahres›. Es war ein Riesentamtam, auch in den Fachmedien. Da habe ich mich schon sehr gefreut.»

Mit Isabella am Lake Tahoe, 2003.

Mit Teias Wasescha im Skigebiet, 2004.

Savognin kann bei der Preisübergabe 2004 überhaupt eine gute Bilanz vorweisen: Unter 14 untersuchten Resorts erreicht das Skigebiet den dritten Rang, ausserdem gibt es Sonderpreise für das freundlichste Bahnpersonal, die beste Betriebsführung (Teias Wasescha und Team) und den kompetentesten Schneimeister (Leza Schmid).

Erwähnung findet in Kaprun auch schon das nächste im Surses anstehende Innovationsprojekt. Im Moment würden die Bergbahnen die Realisierung eines neuen «Camps» bei der Talstation vorbereiten: «Im Vordergrund stehen der Bau und Betrieb eines Jugend-Fun-Hotels ‹The Cube› mit rund 300 Betten durch die Fun Hotelprojektierungs AG mit Sitz in Wien. Dieses erfolgreiche Konzept wäre das erste seiner Art in der Schweiz – eine weitere Pionierleistung in Savognin», heisst es in einer Medienmitteilung zum «Seilbahner des Jahres»-Titel.

Ein erstes «Cube»-Hotel entsteht zu diesem Zeitpunkt bereits in Tröpolach am Rand des Skigebiets Nassfeld in Kärnten. Leo hat davon gehört und besichtigt die Baustelle gemeinsam mit Isabella.

«Ich dachte, das könnte auch etwas für uns sein. Es würde passen: für Familien, für Gruppen, für Schülerinnen und Schüler aller Art. Wir wollten damals sowieso entscheiden, was aus dem Camp Julia aus dem Jahr 1963 werden sollte, unserer einfachen Gruppenunterkunft mit gut 100 Schlafplätzen. Die konnten wir so nicht mehr halten, da mussten wir etwas unternehmen. Und ich fand, wir müssten warme Betten haben, den Campingplatz verschieben und stattdessen etwas wie in Kärnten bauen. Oder eine Jugendherberge. Die Schweizer Reisekasse Reka habe ich ebenfalls kontak-

tiert. Aber Savognin war ihnen zu klein. Ich habe dann herausgefunden, wer das Hotel am Nassfeld realisiert, bin auf die Adresse von Initiant Rudolf Tucek gekommen und habe bei ihm angerufen. Er hat dann ziemlich rasch einmal auf der Rückreise von einem Ferienaufenthalt in Italien einen Zwischenstopp in Savognin eingelegt, und ich habe ihm alles gezeigt. Die Reaktion war positiv, obwohl er damals noch an anderen möglichen ‹Cube›-Standorten dran war. Er hat uns dann bald ein Konzept gebracht. Rudolf Tucek wollte anfangs zwei Gebäude bauen, aber wir fanden, wir machen lieber nur eines, dafür etwas grösser. Damit auch noch Platz für den Campingplatz bleibt, das sind ja wichtige Stammgäste, die wollten wir nicht verjagen.»

Im Februar 2004 wird das Vorhaben erstmals den Medien präsentiert: ein «Hotel für Leute zwischen 16 und 29 Jahren und ältere, die sich noch jung fühlen», wie berichtet wird. Eine Besonderheit des Konzepts: Wer eine Nacht im «Cube» bucht, kauft gleich ein Paket an Dienstleistungen dazu – neben Übernachtung und Frühstück ist nicht zuletzt auch das Savogniner Bergbahnticket mit dabei. An der für die Umsetzung des Projekts gegründeten S1 Hotelerrichtungs AG sind die Bahnen als Minderheitsaktionäre beteiligt, sie bringen den Boden ein. Den Rest des Aktionariats bildet eine private Gruppe von Kerninvestoren aus Österreich. Das auf rund 16 Millionen Franken geschätzte 270-Betten-Hotel soll 45 000 Logiernächte im Jahr generieren und Dutzende neue Arbeitsplätze für das Tal bieten.

Vor dem fertiggestellten «Cube»
Savognin, 2005.

2005 wird das «Cube» mit dem angegliederten Sportgeräteverleih NTC schliesslich gebaut. Nach einer Erstellungszeit von nur acht Monaten kann die Trendunterkunft

«Ein stiller Macher, auch als Bürgerpräsident von Zizers»

Eigentlich war mir Leo Jeker als Pionier der seinerzeit europaweit grössten Beschneiungsanlage, die am 23. November 1978 in Savognin in Betrieb genommen wurde, bekannt. Diese weitsichtige Tat brachte dem Pionier Achtung und Anerkennung weit über die Kantons- und Landesgrenze hinaus.

In meiner Funktion als Bürgerrat, als Präsident der Bürgergemeinde Domat/Ems sowie als Präsident des Verbandes Bündnerischer Bürgergemeinden durfte ich Leo als umsichtigen Standespräsidenten, erfahrenen Grossrat und engagierten Präsidenten der Bürgergemeinde Zizers kennen- und schätzen lernen. Da wir in vielen Bereichen ähnlich «ticken», verstanden wir uns von Beginn weg sehr gut. In all unseren gemeinsamen Bemühungen stand immer das Engagement für ein nachhaltiges Gemeinwohl im Vordergrund.

Leo war und ist ein glühender Verfechter des dualistischen Gemeindeprinzips in unserem Kanton, also der Koexistenz von politischer Gemeinde und Bürgergemeinde. Dies entspricht seiner politischen Grundhaltung. Das am 1. Juli 2018 in Kraft getretene totalrevidierte kantonale Gemeindegesetz, das er während der Grossratsdebatte entscheidend mitgeprägt hat und in welchem dieses Recht verbrieft ist, hat er mehrfach sowohl in politischen Diskussionen wie auch in Beiträgen in unseren Tageszeitungen vehement verteidigt. So schrieb Leo beispielsweise in einem Beitrag mit dem Titel «Bürgergemeinden – wichtiger Teil Graubündens» im «Bündner Tagblatt» und in der «Südostschweiz» vom 23. Februar 2011 unter anderem: «Das Handeln der Bürgergemeinden orientiert sich an langfristigen, nachhaltig wirkenden Zielen. Zentrales Anliegen ist die Erfüllung ihrer Aufgaben zugunsten der Allgemeinheit. Die Bündner Bürgergemeinden streben eine sinnvolle Zusammenarbeit mit der jeweiligen politischen Gemeinde an. Neben den ihr durch das Gesetz zugewiesenen Aufgaben können die Bürgergemeinden durch ihre Leistungen jene der politischen Gemeinde sinnvoll ergänzen. Dadurch kann die politische Gemeinde vor allem finanziell entlastet werden.»

Nach dem Aufgleisen des zukunftsweisenden Projekts für das Industrie- und Gewerbegebiet Tardisland war es – neben Ernst Nigg selig und Roland Tremp – vor allem Mitinitiant Leo Jeker, der das gemeindeübergreifende Projekt weiter vorantrieb. Dazu äussert sich der langjährige Zizerser Gemeindepräsident Peter Lang in diesem Buch.

Während Leos Amtszeit als Bürgerpräsident konnte er zusammen mit seinem Bürgerrat vom November 2012 bis Ende 2016 auf 13 500 Quadratmetern in Rekordzeit die Überbauung Rosgarten realisieren. Auf Bauland, das grösstenteils bereits der Bürgergemeinde gehörte (ein kleiner Rest wurde später noch zugekauft), entstand durch das Architekturbüro Ritter Schumacher AG Chur eine Musterüberbauung, bestehend aus sechs Mehrfamilienhäusern, alle im Baurecht. Zwei dieser Häuser übernahm die Bürgergemeinde. Daneben entstanden 13 Einfamilienhäuser, teilweise ebenfalls im Baurecht. Im Grundbuch wurde vermerkt, dass die Mietwohnungen auf Dauer betrieben werden müssen. Damit konnte möglichen Spekulationen ein Riegel geschoben werden. Wichtig war, Familien preiswerten Wohnraum anbieten und langfristig sichern zu können. Alle Bauten wurden an die Gevag-Fernwärme angeschlossen, sodass das ganze Quartier CO^2-neutral ist. Ferner entstand eine Tiefgarage mit 90 Abstellplätzen. Dadurch ist das ganze Quartier auch verkehrsfrei. Heute leben dort, direkt angrenzend an die RhB-Bahnstation Zizers, rund 230 Personen. Die Gesamtinvestitionssumme für die Überbauung betrug rund 34 Millionen Franken. Leo konnte an der Bürgergemeindeversammlung vom 28. April 2017 für dieses Projekt eine Schlussabrechnung präsentieren, die unter dem seinerzeit gesprochenen Baukredit lag. Er lobte ferner in diesem Zusammenhang die sehr gute und konstruktive Zusammenarbeit mit der politischen Gemeinde Zizers.

Auf kantonaler Ebene waren für den Verband Bündnerischer Bürgergemeinden die beiden Totalrevisionen des Bürgerrechtsgesetzes sowie des Gemeindegesetzes von grosser Bedeutung. Im Vorfeld dieser Geschäfte arbeitete der damalige Verbandspräsident resultatgerichtet sehr eng mit Leo als Grossrat und weiteren bürgerlichen Grossrätinnen und Grossräten zusammen. Der Grosse Rat behandelte die Totalrevision des Bürgerrechtsgesetzes in der Junisession 2017. Es ging dabei vor allem um Anpassungen in Zusammenhang mit dem totalrevidierten übergeordneten Bundesgesetz für das Schweizer Bürgerrecht, das im Januar 2018 in Kraft trat. Auf Kantonsebene konnte eine Lösung für das Problem des Heimatortes nach einer Gemeindefusion gefunden werden, indem nun die Möglichkeit bestand, den früheren Heimatort in Klammer gesetzt dem neuen Gemeindenamen folgen zu lassen. Die Mitglieder des Grossen Rats genehmigten das totalrevidierte Gesetz in der Schlussabstimmung mit 106 zu 0 Stimmen bei 0 Enthaltungen. Das kantonale Bürgerrechtsgesetz trat am 1. Januar 2018 in Kraft.

Die Totalrevision des Gemeindegesetzes behandelte der Grosse Rat in der Oktobersession 2017. Entscheidend war hier, dass der für die politischen Gemeinden und Bürgergemeinden wichtige Artikel zum Bodenerlöskonto in seiner bisherigen Ausgestaltung gesichert werden konnte, was nach heftiger Debatte gelang. In der Schlussabstimmung genehmigte der Grosse Rat das neue Gemeindegesetz mit 106 zu 0 Stimmen bei 5 Enthaltungen. Die Regierung setzte das Gesetz auf den 1. Juli 2018 in Kraft.

Bei beiden Totalrevisionen waren die fundierten Voten von Leo als Zizerser Grossrat und Bürgerpräsident sowie die Voten weiterer bürgerlicher Grossratsmitglieder in den Debatten von mitentscheidender Bedeutung. Diese beiden neuen Gesetze tragen dazu bei, die wichtigen Aufgaben der aktiven Bürgergemeinden im Kanton langfristig zu sichern.

Wie sagte Leo einmal am Schluss eines Votums im Churer Grossratssaal: «Tragen wir Sorge zu den Bürgergemeinden. Sie sind eine starke Kraft im Kanton.»

Theo Haas, Domat/Ems
Mitglied Bürgerrat Domat/Ems von 1988 bis 2020, davon 18 Jahre als Bürgerpräsident; Präsident des Verbands Bündnerischer Bürgergemeinden von 2011 bis 2018

im Dezember desselben Jahres eröffnet werden, bei voll belegtem Haus. Und Leo stellt fest: «Das Hotel ist wohl das Modernste, was es derzeit bezüglich Sport, Entertainment und Design im Alpenraum gibt. Das ‹Cube› ist die Krönung der Investitionen, die wir dieses Jahr ausgelöst haben.»

Vor dem Start in die fünfte Wintersaison hält «Cube»-Gründer und Verwaltungsratspräsident Rudolf Tucek im November 2009 vor den Medien fest, die bisherige Bilanz falle sehr positiv aus, das Hotel beflügle eine ganze Region. Auch Leo ist überzeugt: «Die heute vorliegenden Zahlen beweisen, dass wir richtig gehandelt haben.» Ein frischer Wind wehe durch Savognin. Allerdings wird der Erfolg des Konzepts mit den Jahren abflachen, und 2018 kommt es nach einem auch juristisch ausgefochtenen Zerwürfnis mit den Bergbahnen gar zur Schliessung des Hotels, zuerst temporär, dann, im Zuge der Coronapandemie, für längere Zeit.

«Ich bedauere das sehr. Rudolf Tucek hat das Projekt damals sehr rasch umgesetzt, er und andere haben auch viel investiert, das muss man wissen. Es war kein billiger Bau. Mehrere Jahre lief es sehr gut, das war eindrücklich. Es wäre ja auch ein tolles Konzept. Die Gäste, die Betriebsführung und auch wir, wir alle konnten feststellen, das haut hin. Aber der jetzige Zustand ist mehr als ein Affront

Medientermin mit Blick auf die Baustellen von «Cube» und Surses Alpin, 2005.

gegenüber der Region und allen, die sich für die Idee eingesetzt haben. Man kann nur hoffen, dass Vernunft einkehrt und es bald zu einer Lösung kommt. Der lange Stillstand tut auch dem Gebäude nicht gut. Und der Gast versteht das alles sowieso nicht.»

Praktisch zeitgleich mit dem «Cube» beteiligen sich die Bergbahnen unter Leos Ägide an einem weiteren Vorhaben, das neue warme Betten im Surses generieren soll. In diesem Fall stammt die Idee vom erfahrenen Bündner Touristiker Marco Hartmann und vom Bonaduzer Totalunternehmer Beat Hug. Die beiden haben in Flims bereits die Hapimag-Überbauung Vitget Alpin realisiert; als Grischalpin SA wollen sie nun weitere Beherbergungsprojekte umsetzen, die für warme Betten sorgen – auch in Savognin, auf einem Gelände oberhalb des Lai Barnagn. Grischalpin, Bergbahnen und Gemeinde beteiligen sich zu je 330 000 Franken am Aktienkapital für die Ferienresidenz Surses Alpin, die Gemeinde bringt zudem das Bauland ein. Entstehen sollen vier Gebäude mit insgesamt 69 vermietungspflichtigen Wohnungen und 408 Betten. Und es klappt: Bereits im Dezember 2006 kann Surses Alpin eröffnet werden. Die Ferienregion Savognin habe sich in den Jahren davor eine «etwas zu lange Verschnaufpause» gegönnt, so Leo – eine Pause, die nun zu Ende ist. Nicht zuletzt dank den Bahnen, die 2005 und 2006 zusammen mit der Gemeinde und privaten Investoren eine Investitionssumme von über 36 Millionen Franken auslösen.

2005. Disneyschlosskritik

Pläne für Radons – Die Hundertwasser-Ferienalp – Projekt «Savognin 1900»

Allerdings: Nicht mit allen Ideen läuft es so rund wie bei der Entstehung des «Cube»-Hotels und der Ferienresidenz. Gemeinsam mit Immobilienexperte Franz Hidber, der seit 2004 dem Verwaltungsrat der Bergbahnen angehört, gleist Leo in dieser Zeit auch das Projekt «Castle Radons» auf.

Präsentation «Castle Radons» mit Edwin Thomann und Franz Hidber (rechts), 2005.

Nicht der erste Anlauf: Die Bahnen und die Standortgemeinde Riom-Parsonz arbeiten seit 1997 an einem Beherbergungsprojekt für den im Skigebiet gelegenen Talkessel auf rund 1900 Metern über Meer. Radons gehört zu den Gebieten am Berg, an denen sich die Bergbahnen besonders viel Land gesichert haben, teils in jahrelangen Verhandlungen mit den Eigentümern. Und das nicht von ungefähr.

«Ich bin ja nicht umsonst auf die Idee gekommen, Sur Carungas und den Piz Mez in der Val Schmorras hinter Radons als Tourismuszone in die Richtplanung zu bekommen. Der Grundgedanke dabei war, Radons den nächsten Generationen für eine Entwicklung zu sichern. Für eine Erschliessung der beiden Skiberge und eine Schneeanlage. Der Piz Mez ist einer der schönsten Skiberge Graubündens, davon bin ich überzeugt. Damit wäre Savognin angebotsmässig gerettet. Aus diesem Grund bin ich in den 1990er-Jahren auch in Kontakt getreten mit Künstler Friedensreich Hundertwasser. Ich kannte seine Bauwerke in Bad Blumau in der Steiermark, das Thermalbad mit Hotel. Eine verrückte Sache. Ich wollte in Radons eine Ferienalp mit ihm realisieren, dazu eine Hundertwasser-Gondelbahn von Savognin nach Radons. Warum? Ich wusste: Radons

wird dann ein Magnet, wenn wir einen weltweit wirkenden Anziehungspunkt für Leute schaffen, die Rappen haben und dort hinauf wollen. Man sieht heute ja, was Samih Sawiris aus Andermatt gemacht hat. Und Andermatt ist landschaftlich doch kein Vergleich zu Radons … Jedenfalls: Hundertwasser hatte grosse Freude an dieser Idee, und sein Architekt Peter Pelikan war zweimal für einen Augenschein vor Ort, nur mit mir und Isabella, weitere Personen durften nicht involviert werden. Erst später erlaubte er mir eine Information des Gemeindevorstands von Riom-Parsonz. Aber als der Meister dann im Februar 2000 in Australien verstarb, mussten wir die Pläne begraben.»

Auch die Idee eines 120 Millionen Franken teuren Vitalresorts mit 400 Betten ist 2001 gescheitert – das Vorhaben hat sich als zu klein für eine erfolgreiche Investorensuche entpuppt. 2005 entwirft nun der renommierte Zürcher Architekt Justus Dahinden einen neuen Vorschlag: ein Resort mit drei gestaffelt im Hang angeordneten burgartigen Gebäudekomplexen unter dem Arbeitstitel «Savognin 1900». Im Endausbau soll es über 1700 Betten verfügen und 350 000 Logiernächte sowie einen Umsatz von 45 Millionen Franken pro Jahr generieren; die Investition wird auf 130 Millionen Franken geschätzt. Das «Castle Radons» soll den entscheidenden Impuls für die touristische Wende im Surses geben, wie die Promotoren festhalten. Die kritischen Reaktionen – auch auf die geplante Skigebietserweiterung in Richtung Sur Carungas und Piz Mez – kommen postwendend. Vor allem Umweltorganisationen setzen sich zur Wehr; für eine «solch überrissene Retortensiedlung schöne Landschaften zu opfern», lasse sich «in keiner Art und Weise rechtfertigen», teilen sie den Medien mit. Und der Bündner Heimatschutz bemängelt den «Disney-Schloss-Stil» des als «Karikatur» gebrandmarkten Entwurfs von Dahinden. Wie auch immer: Letztlich wird das Vorhaben von der Standortgemeinde Riom-Parsonz verworfen. Die Gemeindeversammlung sagt im November 2007 mit 53:45 Stimmen Nein zur Grundsatzfrage, ob in Radons ein Resort

Mit Isabella im Morteratschgebiet, 2005.

gebaut werden soll. Gemeindepräsident Edwin Thomann und Mitinitiant Leo nehmen das Ergebnis mit Bedauern zur Kenntnis, wie sie den Medien gegenüber sagen. «Es tut mir leid für die ganze Region, die auf die Investitionen angewiesen gewesen wäre», wird Leo zitiert. Doch den demokratischen Entscheid gelte es zu respektieren. Schlussendlich sei es darum gegangen, in langfristig schneesicherer Höhenlage von 1900 Metern über Meer investieren zu können – für kommende Generationen.

2006. Emotionsachterbahn

Isabellas Krankheit und Tod – Standesvizepräsidium – Lebenswerk-«Milestone»

2006 wird in mehrfacher Hinsicht zu einem ausserordentlich emotionalen Jahr für Leo: Er erhält hohe politische Weihen, eine bedeutende touristische Auszeichnung – und er muss für immer Abschied nehmen von seiner geliebten Frau Isabella. Fünf Jahre zuvor hat sie zum ersten Mal die Diagnose Krebs bekommen; eine schwere Operation ist nötig. Nach einer vermeintlichen Erholung folgt 2002 ein Rückfall, es braucht erneut einen gravierenden operativen Eingriff. Dann beruhigt sich die Situation vorübergehend. Doch im Frühling 2004 wird festgestellt, dass sich der Krebs weiter ausbreitet. Nach Monaten der Behandlungen und Therapien wird im Herbst 2005 eine dritte, sehr schwere Operation unausweichlich. Im Juni 2006 muss Isabella ins Kantonsspital in Chur, sie wird nur noch ein einziges Mal für wenige Stunden in ihr Zuhause in Zizers zurückkehren können.

Ironie des Schicksals: In derselben Zeit bahnt sich die Krönung von Leos politischer Laufbahn an. 2006 ist die SVP an der Reihe für das Standesvizepräsidium, auf das in der Regel im folgenden Jahr das Standespräsidium folgt, nominell das höchste Amt im Kanton. Innerhalb der Kantonalpartei gibt es mehrere Kandidatinnen und Kandidaten. Für die SVP-interne Ausmarchung zieht sich von den fünf Amtswilligen niemand zurück, also kommt es zu einem Entscheid in mehreren Wahlgängen. Das Feld reduziert sich von Durchgang zu Durchgang, am Schluss sind noch Leo und Barbara Janom Steiner im Rennen – und Leo gewinnt. Im August steht schliesslich im Grossen Rat die Wahl des Standesvizepräsidenten an.

«Ich habe auch im Parlament recht gut abgeschnitten. Nur die SP war nicht so begeistert. Sie wussten natürlich schon, in welche Richtung es mit mir politisch gehen könnte. Das habe ich aber auch verstanden, ich habe mit solchen Dingen keine Mühe. Mit meiner ‹Vorgesetzten›, der gleichzeitig als Standespräsidentin für die Periode 2006/07 gewählten Agathe Bühler-Flury von der FDP, hatte ich dann ein sehr spannendes Amtsjahr, wir haben gut zusammengearbeitet. Aber es wurde auch ein schwieriges Jahr, eben weil es Isabella schon sehr schlecht ging. Ende August war sie bereits sehr schwach. Die Wahl hat sie noch mitbekommen, sie hat auch ganz klar gesagt, Leo, das musst Du machen. Und sie hatte eine Riesenfreude, als ich tatsächlich

Standespräsidentinnenfeier für Agathe Bühler in Schiers, 2006.

Debatte mit Jörg Kachelmann, 2006.

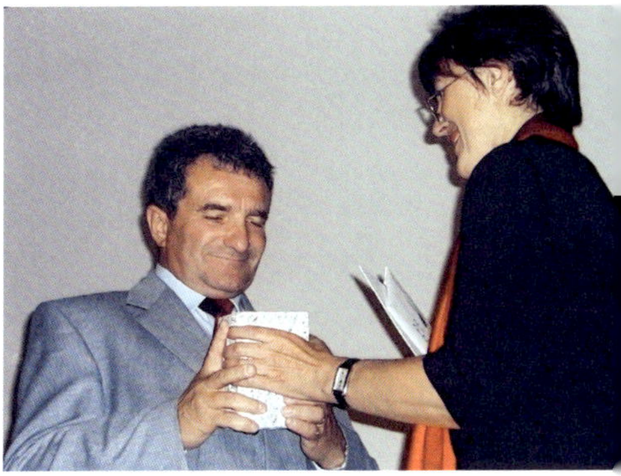

Marietta Dedual überreicht den «Milestone», 2006.

gewählt war. Ich habe Isabella gesagt, wenn es irgendwie geht, kommst Du zur Standespräsidentinnenfeier von Agathe Bühler-Flury in Schiers, und sie schaut, dass Du ein Zimmer hast, in dem Du Dich ausruhen kannst. Isabella hätte das sonst nie überstanden. Und tatsächlich hätte es im Spital Schiers so eine Möglichkeit gegeben. Aber es ist dann absolut unmöglich geworden. Noch im September musste Isabella ins Wohnheim Däscher in Zizers umziehen, ganz bei uns in der Nähe. Kurz vor ihrem Tod hat sie mir gesagt: Nächstes Jahr, wenn Du zum Standespräsidenten gewählt wirst, bekommst Du doch ein Steinbockgehörn geschenkt. Und sie hat mir genau erklärt, wo ich es dann im Haus aufhängen soll.»

Während Isabellas letzter Lebenswochen erhält Leo auch einen Anruf von Marietta Dedual, der damaligen Chefredaktorin der Fachzeitschrift «Hotel + Tourismus Revue», die gemeinsam mit dem Branchenverband Hotelleriesuisse regelmässig den bekannten Tourismuspreis «Milestone» verleiht.

«Sie hat gesagt: Du, ich habe eine Überraschung, sitzt Du? Wir haben Dich ausgewählt für den Lebenswerk-«Milestone». Jetzt seid ihr aber wirklich verrückt, habe ich gemeint. Doch, das sei so entschieden, aber ich müsse vorläufig Stillschweigen bewahren. Das könne ich natürlich

machen, aber eine Bitte hätte ich. Meine Frau sei schwer krank, ich wisse nicht, wie lange sie noch lebe. Doch, ihr dürfe ich es sagen, gab Marietta Dedual mir Bescheid. Isabella war zu der Zeit schon im Wohnheim. Sie hatte die Augen fast immer geschlossen. Doch als ich ihr vom Preis erzählt habe, hat sie sie geöffnet. Das war ein heftiger Moment für uns. Lange hat sie nichts gesagt. Und dann: Das sei doch etwas Schönes. Ich bin froh, durfte ich ihr das noch mitgeben. Ich konnte ihr auch noch sagen, was für einen grossen Anteil sie an diesem Preis hatte und dass ich ihn auch ihr widmen würde. Ohne meine Frau hätte ich ja all das gar nicht schaffen können. Sie war das Zentrum, neben meinen Eltern, Tobias Kuoni und dem Verwaltungsrat. Ohne diese Menschen – und natürlich alle Mitarbeitenden – wäre mein Einsatz undenkbar gewesen. Ganz besonders nicht ohne meine Frau. Nur dank ihr konnte ich mein breites Engagement überhaupt erfüllen. Sie hatte sehr grossen Anteil an meinem Wirken, an der Umsetzung von Projekten und an den Erfolgen, die daraus entstanden sind. Sie hat unseren Kindern den grössten Halt gegeben, und sie hat sich auch immer um meine Eltern gesorgt.»

Ihre letzten Tage und Stunden verbringt Isabella begleitet von ihrem Mann, ihrer Mutter, ihren Söhnen, ihren Schwestern und ihren engsten Freunden. Am 30. September 2006, kurz vor 22 Uhr, schläft sie für immer ein. «Man sieht die Sonne/langsam untergehen/und erschrickt dennoch/wenn es plötzlich Nacht ist», schreiben Björn und Ivar in ihren Abschiedserinnerungen an die Mutter. Und: «Wer so gewirkt im Leben/wer so erfüllt ihre Pflicht/und stets ihr Bestes hat gegeben/für immer bleibt sie euch ein Licht.»

Die «Milestone»-Preisverleihung findet Mitte November statt. «Leo Jeker ist eine touristische Kraftwurzel», heisst es in der Laudatio. «Er ist vom Savogniner Tourismus, nein, vom Oberhalbsteiner, Bündner und Schweizer Tourismus nicht mehr wegzudenken.» Er verfolge seinen Weg und seine Ziele unerbittlich, «für einige mag es manchmal

Isabella und Leo, 2006.

schon an Sturheit grenzen». Als man 1978 die Grossschneeanlage gebaut habe, habe es im Tal geheissen: «Chegl è en mez nar», das ist ein Halbverrückter. «Aber es ist schon klar, dass damit ein Ganzverrückter gemeint ist.» Doch dank Leos Überzeugungsarbeit würden Beschneiungsanlagen heute zur Grundausstattung eines Wintersportorts gehören. Die Jury, endet die Ehrung, «ist besonders beeindruckt von Jekers Leidenschaft, seinem unermüdlichen Engagement. Nichts trübt seinen Optimismus – und das seit mehr als 40 Jahren.» Und Leo hält sein Versprechen: Er widmet den Lebenswerk-Preis nicht nur seinem Lehrmeister, der

Unternehmung und den Mitarbeitenden sowie den touristischen Leistungsträgern im Surses, sondern auch und zuvorderst seiner verstorbenen Frau Isabella.

2007. Polithöhepunkt

Amtsjahr als Standespräsident – Die Hämmerli-Anekdote

Am 29. August 2007 wird Leo zum Standespräsidenten gewählt, mit 118 von 119 abgegebenen Stimmen – «die Nummer der Feuerwehr», wie er amüsiert feststellt, aber auch ein Glanzresultat, wie es nur wenige bislang geschafft haben. Sogar die SP-Fraktion klatscht. Die Standespräsidentenfeier findet am folgenden Samstag in Zizers statt – zu dieser Zeit noch der traditionelle Termin des Bündner Hochjagdstarts; trotzdem lassen sich auch viele Jagdbegeisterte die Gelegenheit nicht nehmen, am Fest dabei zu sein, unter ihnen CVP-Regierungsrat Stefan Engler. Leo wird natürlich, wie es sich beim Standespräsidium gehört, von Regierungspräsident Martin Schmid feierlich das Steinbockgehörn überreicht, dessen Platz an der Wand zu Hause dank Isabella bereits feststeht. Leo ist notabene nach Tobias Kuoni bereits der zweite Standespräsident aus den Reihen des Nandrò-Verwaltungsrats, später wird mit Christian Rathgeb sogar noch ein dritter dazukommen.

Eindrücke von der Feier für den Standespräsidenten in Zizers, 2007.

Standespräsidentenfeier in Zizers mit Regierung und Standesweibel, 2007.

In seinem Präsidialjahr stellt Leo unter anderem die Schulbildung ins Zentrum, er besucht Schulen in allen Talschaften Graubündens: «um danke zu sagen und als Anerkennung für die grosse und wichtige Leistung der Lehrerschaft, der Schulleitungen und der Schulräte», wie er sagt. Dieses Engagement hat bei Leo Tradition: Schulen hat er auch in früheren Jahren schon gerne Besuche abgestattet, im Kanton, aber auch im Unterland, stets eine Schneekanone im Gepäck und ein Brot, um zu erzählen – vom Tourismus, von den Arbeitsplätzen, vom Schnee. Und davon, wie all das zusammenhängt. Gerne erinnert sich Leo aber auch an eine ganz andere Anekdote aus diesem Jahr.

«Ein spezielles Erlebnis gab es mit dem Churer Transportunternehmer Hans Fischer, ein Unikum, aber auch ein grosser Chrampfer. Er war damals Präsident der Bündner

«Eine Persönlichkeit mit einem grossen Herzen»

Als einen Förderer des Tourismus im Surses und insbesondere in Savognin, als eine Person, die der Landwirtschaft sehr nahe steht, und als einen sehr sozial denkenden Menschen: So kennt man Leo Jeker im Surses. Ausserdem war er während seiner Jahre als Grossrat im Bündner Parlament nicht nur ein Vertreter des Wahlkreises Fünf Dörfer, nein, er war sozusagen auch der «dritte Grossrat» des Wahlkreises Surses. Als Politiker setzte er sich auf kantonaler Ebene stark für seine zweite Heimat ein.

In Savognin, aber auch in den anderen Dörfern des Tals war, ist und bleibt Leo eine grosse Persönlichkeit. Seine gigantische Leidenschaft, seine unermüdliche Hingabe für die Tourismusregion lässt sich kaum in Worte fassen. Innovativ, einfalls- und ideenreich, immer offen für neue Projekte bei den Savogniner Bergbahnen, aber auch im Tourismus, Schneekanonen-Papst, Macher, Pionier und Vorreiter – so darf man den ehemaligen administrativen Direktor und langjährigen Verwaltungsrat der Bergbahngesellschaft guten Gewissens beschreiben. Nicht nur in Savognin, sondern in der ganzen Region werden ihm diese Eigenschaften attestiert. Leo hat mit seiner Beharrlichkeit und seinem Durchhaltewillen die Savognin Bergbahnen AG und den Tourismus im Surses geprägt wie kaum eine andere Person. Zeitlebens stand und steht bei ihm unentwegt der Mensch im Mittelpunkt, auch während der vielen Jahre an der Spitze der Savognin Bergbahnen AG. Die Mitarbeiterinnen und Mitarbeiter der Unternehmung waren für Leo stets die treibende Kraft des Betriebs und nicht einfach die Triebwerke der veschiedenen Bahnanlagen.

Ohne Landwirtschaft kein Tourismus und ohne Tourismus keine Landwirtschaft: Eine Aussage, die ich bei meinen unzähligen interessanten Begegnungen mit Leo immer wieder gehört habe. Neben dem Tourismus ist ihm auch die Landwirtschaft ans Herz gewachsen. Vor allem die Alpkorporation Val Nandrò ist ihm bis heute heilig, im wahrsten Sinn des Wortes. Die guten Beziehungen, die Verbindungen und Kontakte zu den Präsidenten der Alpkorporation, aber auch zu den Bauern und Korporationsmitgliedern waren für Leo viel mehr als eine Selbstverständlichkeit. Für ihn war die Alpkorporation fast ebenso wichtig und bedeutungsvoll wie seine geliebten Bergbahnen. An jeder Generalversammlung der Unternehmung begrüsste Leo mit Gefallen und Ehrlichkeit die Vertreter der Alpkorporation mit dem Hinweis, wie wichtig die Landwirtschaft für den Tourismus und die ganze Region sei. Erwähnen darf man auch, dass dank dem Aufschwung des Tourismus und der Bergbahnen viele Bauern aus dem Surses im Winter eine zusätzliche Vedienstmöglichkeit bekamen. Die Bergbahnen waren ein geschätzter Arbeitgeber.

24 Jahre lang hat Leo den Kreis Fünf Dörfer im Bündner Parlament vertreten, 2007/08 durfte er sogar als Standespräsident amtieren. Seine Reden, seine unzähligen, teils unvergesslichen Voten waren weit über den Grossen Rat hinaus bekannt. Der beste Freund der linken Parteien war er nie, noch weniger war er befreundet mit den Umweltorganisationen.

Als Gastronom und Journalist habe ich in meinen jetzt 68 Lebensjahren berufsbedingt viele Menschen kennengelernt. Eine Bereicherung war und ist immer noch die enge Freundschaft mit Leo. Er ist eine Persönlichkeit mit sehr viel Mitgefühl für die Mitmenschen und einem sozialen Denken, wie man es bei kaum einer anderen Person antrifft. Redet man von Leos sozialem Umfeld, sind damit jegliche Lebensbereiche gemeint, die den Kontakt zu anderen Menschein beinhalten. Dazu gehören seine Familienmitglieder, die Familien der Angestellten der Savognin Bergbahnen AG, die treuen Mitarbeiterinnen und Mitarbeiter der Unternehmung, aber auch seine unzähligen Freundschaften im Surses, in Graubünden sowie im In- und Ausland. Ich jedenfalls hege bis heute grossen Respekt für Leos Haltung seinen Mitmenschen gegenüber; er ist für alle gerne da, sei es an Tagen voller Freude und Sonne, sei es an Tagen voller Trauer und Schatten. Das ist eben Leo, wie man ihn kennt: eine Persönlichkeit mit einem grossen Herzen.

Gion Nutegn Stgier, Sur
Gastronom und Journalist

Transporteure. Er rief an und sagte, Leo, du bist jetzt Standespräsident und ich hätte eine Riesenfreude, wenn du als Gast an unsere Generalversammlung kämst. Ich war einverstanden, musste ihn aber vorwarnen, ich hätte vielleicht nur ein kleines Zeitfenster zur Verfügung und würde mich in meiner Ansprache kurz fassen. Auf der Fahrt im Auto habe ich mir dann ein paar Gedanken dazu gemacht, was ich sagen würde. Ich wusste, Hans Fischer war ein Handwerker und konnte mit dem Hammer umgehen. Gleichzeitig hatte er als oberster Transpörtler immer wieder Lämpen mit dem damaligen SP-Nationalrat Andrea Hämmerle. Also habe ich da eine Verbindung hergestellt und gesagt, meine geschätzten Damen und Herren Transpörtlerinnen und Transpörtler, ich kann mich kurz fassen, indem ich Hans mit einem einzigen Satz beschreibe: Er kann wunderbar mit einem Hammer umgehen, aber mit einem Hämmerli weniger … Da war natürlich ein grosses Gelächter im Saal. Und dem Hans ist das geblieben. Jedes Mal, wenn wir uns danach sahen, meinte er, du mit deinem Hammer …!»

2008. Unruhestandseintritt

Pensionierung als Direktor – Der Porsche 911 – Leo wird Neni – Wie weiter mit den Nandrò-Aktien?

2008 wird Leo 65 Jahre alt, beruflich auch für ihn der Moment, in den Ruhestand zu treten. Nach 47 Jahren Tätigkeit für die Savogniner Bergbahnen, davon die letzten 38 Jahre vollamtlich, verlässt er die operative Leitung des Unternehmens, bleibt aber vorderhand Mitglied des Verwaltungsrats. Eine Treue, die für ihn selbstverständlich war: «Ich wurde während meiner Berufsjahre immer wieder von anderen Bergbahnen angefragt, die Unternehmensleitung zu übernehmen», erinnert sich Leo. «Letztlich habe ich allen abgesagt, auch in Rücksprache mit Tobias Kuoni – weil mir die Zukunft der Region Savognin zu sehr am Herzen lag.»

«Die Pensionierung ging einfach und unspektakulär über die Bühne. Ich wusste ja, es kommen gute jüngere Leute nach, das war mir wichtig. Und ich hatte ja trotzdem noch immer Verschiedenes zu tun. Ich wusste auch, ich gehe weiterhin raus in die Welt, ich will dabei sein, will mich nicht nur im Alpenraum bewegen, sondern auch in Kanada, in den USA, und so weiter. Das habe ich dann auch regelmässig getan und tue es immer noch. Natürlich habe ich den Vorteil, dass mein Sohn Björn mit seiner Familie in San Francisco lebt. Und ich habe auch stets die Kontakte zu meinen Seilbahnerkollegen gepflegt, nicht nur im Alpenraum. Ich kenne sie bis heute, und bei denen, die nicht mehr im Amt sind, kenne ich die Nachfolgerinnen und Nachfolger.»

Von der Pensionierung bis 2021 fährt Leo einen silbernen Porsche 911.

Nach der Wahl zum Standespräsidenten mit Ivar, Regina, Björn und Valentin (von links), 2007.

Zum Eintritt in den «Ruhestand» erfüllt sich Leo einen alten Wunsch, der zu seiner bereits bekannten Leidenschaft für eine rassige Fahrweise im Auto passt.

«Ich hatte zu Isabella früher schon ab und zu gesagt, was meinsch, wenn wir mal eine gute Occasion entdecken… Ich fahre ja gerne zügig, schnell und rassig, auch über Pässe, schneide die Kurven. Im übertragenen Sinn wie früher im Beruf und im Sport. Doch meine Frau fand dann, nein, du fährst jetzt schon zu schnell … Nach der Pensionierung stiess ich aber tatsächlich auf ein gutes Angebot. Und wie ich halt bin: Ich überlege, bevor ich handle, aber ich handle rasch und doktere nicht herum. Porsches haben mir schon immer imponiert, in Silber sowieso. Und das passte jetzt auch zu den ergrauenden Haaren. Also habe ich den 911er gekauft. Den Buben habe ich ein Foto geschickt, die sind im ersten Moment ein wenig erschrocken… Aber ich bin mit dem Porsche sehr zurückhaltend gefahren. Mit 78 habe ich ihn dann wieder verkauft.»

Leo wird nun auch Grossvater, im März 2010 kommt Lia auf die Welt, die Tochter von Ivar und dessen Frau Riccarda, wenige Tage später folgt Kira, die Tochter von Björn und Amelia. Und dabei bleibt es nicht: Lia bekommt 2011 einen Bruder, Jan, und 2014 eine Schwester, Ava.

«Björn und Amelia ebenso wie Ivar und Riccarda haben die Kinder früh auf die Piste mitgenommen. Sie gingen auch in die Skischule. Ich habe immer gesagt, für die Skischule ist der Neni zuständig. Übrigens auch an einem Treffen der Skischulen: Involviert die Grossväter, die finanzieren euch den Skiunterricht! Punkt. Das wird heute tatsächlich ab und zu so gemacht, aber man sollte es noch mehr tun. Bei Kira, Lia, Jan und Ava muss ich inzwischen schon Gas geben, um ihnen noch nachzukommen … Und auch Leonis ist sportlich, der Enkel meiner heutigen Lebenspartnerin Astrid Kuoni, er geht ins Schwingen.»

Apropos neue Partnerschaft: Diese Frage stellt sich spätestens 2008 auch für die Savogniner Bergbahnen. Einerseits im Hinblick auf Leos Pensionierung, andererseits wegen des tragischen Tods von Jürg Andreas Kuoni. Der Sohn von Tobias und Ehemann von Astrid Kuoni ist seit 1998 Mitglied des Verwaltungsrats; er erleidet im Frühling 2006 einen tödlichen Arbeitsunfall. Als Nachfolger und Interessensvertreter der Familie Kuoni wird im selben Jahr Christian Rathgeb in die strategische Führung des Unternehmens gewählt.

«Als mein Ruhestand näher rückte, habe ich gesagt, wir müssen einen Weg finden, damit die Savognin Bergbahnen AG in sicheren Händen bleibt. Björn hatte ja seine eigene Firma in den USA, und Ivar war weltweit für seinen damaligen Arbeitgeber Swarovski unterwegs. Und auch in den Familien Kuoni und Pool wollte von den Nachkommen niemand ins Bergbahngeschäft einsteigen. Ich wusste, die Bahnen müssen in eine starke Hand kommen. Savognin hatte Logiernächte verloren, es gab immer mehr kalte Betten und weniger Leute am Berg. Ausserdem mussten Transportanlagen erneuert werden, die Schneeanlagen erweitert, und so weiter. Hätten wir das im Alleingang stemmen müssen, wäre das auf die Dauer nicht aufgegangen. Die Erfahrung hatte mir gezeigt: Mit unserer Grösse

Guter Draht zur Landwirtschaft – mit Alpkorporationspräsident Niclò Stgier, 2008.

müssten wir uns im Grunde ans Engadin anschliessen können, doch das ist geografisch nicht möglich, dafür ist Savognin zu weit weg. Dasselbe gilt für Savognin und die Lenzerheide oder Laax. Wir sind alleine mitten drin. Und das bedeutete: Wir mussten versuchen, in eine international tätige, erfahrene und etablierte Bergbahngruppe zu kommen.»

Für den von Franz Hidber koordinierten Verkauf gibt es Interessenten aus dem In- und Ausland, aber leider sind auch Spekulanten darunter, und das will Leo aus Verantwortung gegenüber der Region nicht. «Wäre es uns einfach ums

Als Standespräsident auf Schulbesuch, 2008.

Geld gegangen, dann hätten wir uns einen Finanzinvestor geangelt», sagt er 2010 im Gespräch mit dem «Bündner Tagblatt». Schliesslich findet sich aber eine Lösung für die Aktien und Partizipationsscheine der Familien Jeker, Kuoni und Pool.

2010. Verkaufsabschluss

Ein Weggefährte – Einstieg der Schröcksnadel-Schmidl-Gruppe

«Der Name Schröcksnadel ist schon relativ früh aufgetaucht. Ich kannte Vater Peter Schröcksnadel aus Innsbruck schon seit langer Zeit, von den Referaten zur Beschneiung her, da waren wir oft zusammen unterwegs, aber auch in Zusammenhang mit dem Weltcup, er war ja Präsident des Österreichischen Skiverbands. Bei ihm hatte ich das Gefühl: Auf den ist Verlass. Sein Sohn Markus, den ich zu dem Zeitpunkt noch nicht kannte, meinte dann, er wolle den Kauf gemeinsam mit den Brüdern Peter und Anton Schmidl aus Klagenfurt umsetzen, der eine Wirtschaftsingenieur, der andere Wirtschaftsprüfer und Steuerberater. Zwei Topleute. Wir konnten schliesslich mit den dreien ein Agreement eingehen. Am 1. Dezember 2010 erfolgte der Verkauf unserer Stammaktien und Partizipationsscheine per 15. Januar 2011 an ihre SV Beteiligungs GmbH aus Innsbruck. Damit verfügte die Gruppe Schröcksnadel/ Schmidl über gut 50 Prozent des Aktienkapitals.»

Für Leo ist klar: Der Einkauf in eine Gruppe mit einem knappen Dutzend Skigebieten im Alpenraum ist einfacher und wesentlich günstiger als der Alleingang. Und er hat wesentliche Vorteile: Weitblick und das nötige Know-how in Bau, Betrieb, Unterhalt und Marketing sind bereits vorhanden, eine gute Marktpräsenz ist garantiert, und nicht zuletzt kann deutlich günstiger eingekauft werden.

«Da geht es nicht um Rabatte von 10000 Franken, sondern von ein paar 100000 Franken pro Bahn. Auch Pistenfahrzeuge kauft man da ganz anders ein, Beschnei-

Mit Peter Schmidl, Markus Schröcksnadel und Anton Schmidl (von links), 2010.

ungsinfrastrukturen, Zutrittssysteme, und so weiter. Diese Einsparungen kommen letztlich der ganzen Region zugute. Heute kann ich rückblickend sagen: Die neuen Mehrheitsaktionäre sind fachlich gut, sie sind verlässlich, sie machen, was man machen muss, und sie tun das Richtige. Die Bergbahnen konnten in den letzten zehn Jahren über 30 Millionen Franken in neue Gondelbahnen, in Pistenfahrzeuge und in die Erneuerung der Schneeanlage investieren. Man denke nur an die modernen, komfortablen Zehnergondelbahnen Tigignas-Somtgant von 2012 respektive Savognin-Tigignas von 2019. Wären wir alleine geblieben, wäre all das mit Sicherheit nicht möglich gewesen.»

Als frisch gebackener Neni mit Jan, 2011.

2015. Ärztepfusch

Eine Operation mit Folgen – Die Genesung

Sportlich, kerngesund, immer aktiv, so kennt man Leo mittlerweile seit Jahrzehnten. Vor grösseren Unfällen und Krankheiten ist er – abgesehen von ein paar unglücklichen Zwischenfällen mit Schneebrettlawinen in der Jugend – stets verschont geblieben. Doch im November 2015 ändert sich das schlagartig. Leo muss für eine Prostata-Operation ins Spital. Eigentlich eine Routinesache. Doch beim Eingriff wird massiv gepfuscht. Es kommt zu einer schweren Darmverletzung, die anfänglich unbemerkt bleibt.

«Im Spital habe ich nach der Operation gemerkt, da ist etwas gar nicht gut. Hundsmiserabel war mir. Ich konnte mich kaum bewegen, geschweige denn etwas essen. Der Arzt meinte, das kommt schon, das dauert halt einen Moment nach so einem Eingriff. Ich war aber ziemlich hässig, weil ich wusste, da stimmt etwas nicht. Ich wollte dann eine Zweitmeinung, und dieser zweite Arzt hat erklärt, da müssen wir sofort schauen, was los ist. Ich musste gleich auf den Notfall, und dort haben sie festgestellt, dass im Darm alles offen ist. Dass alles rauslief. Von da an weiss ich fast nichts mehr. Im Nachhinein hat mir der zweite Arzt gesagt, noch drei Stunden, und Sie wären tot gewesen. Sie haben den Bauchraum geöffnet, dabei sind zwar die Bauchmuskeln kaputt gegangen, aber sie konnten mich gottlob retten. Es kam zu mehreren Nachoperationen, insgesamt hatte ich 19 Vollnarkosen. Unter anderem hat man mir im Bauch ein Netz eingesetzt. Bin bis über Neujahr hinaus im Spital geblieben, habe dort mit Astrid Kuoni Weihnachten gefeiert. Dann musste ich zur Reha nach Bad Ragaz, auch dort wurde ich bestens betreut. Auch wenn ich mehrere Monate ausgefallen bin und stark geschwächt war: Per Saldo war es letztlich irgendwie doch ein Glücksjahr – denn sonst wäre ich ja jetzt nicht mehr hier. Ich habe mich aber oft an Isabella erinnert gefühlt, denn auch bei ihr hatte man damals ein ganzes Jahr lang eine Fehldiagnose gestellt, was dann zu einer starken Verschlechterung ihres Zustands geführt hat.

Mir geht es inzwischen wieder gut, aber ich darf nicht mehr alles machen. Bei Dehnungsübungen muss ich sehr aufpassen, Velofahren soll ich gar nicht mehr, und beim Skifahren bin ich zurückhaltend. Der Arzt hat allerdings zuerst gesagt, du darfst überhaupt nicht mehr auf die Ski, wenn etwas passiert, gibt es Probleme. Wir haben dann aber doch den Rank gefunden. Ich war völlig erstaunt, als ich das erste Mal wieder auf die Piste ging: Martegnas-Radons, als ob nichts gewesen wäre. Ganz normal.»

Sitzungen mit dem Zizerser Bürgerrat oder dem Verwaltungsrat der Bergbahnen hält Leo trotz sei-

Genesen und wieder im Grossen Rat, 2016.

Ernennung zum Skiareatest-Ehrenpräsidenten mit Klaus Hönigsberger und Harald Bosch (rechts), 2021.

nes Zustands sogar am Spitalbett und später in der Rehaklinik ab. Auf Wunsch der neuen österreichischen Mehrheitsaktionäre hat Leo ja seinen Sitz in der strategischen Führung auch nach dem Aktienverkauf nicht aufgegeben. Er kennt die Unternehmung und ihre Entwicklung in- und auswendig, ist tief in der Region verankert, verfügt über Kontakte zu den Bewilligungsbehörden, der Regierung und Verwaltung, zum Bundesamt für Verkehr und nicht zuletzt zu den Medien, von den lokalen bis zu den nationalen.

Karikatur von Stephan Nay, Geschenk der Bürgergemeinde Zizers, 2020.

2022. Rückzugsphase

Demission als Grossrat – Von Leo zu Ivar bei der Nandrò AG – Hausverkauf

Auch dem Grossen Rat bleibt er noch bis 2018 als Mitglied und Vertreter der BDP treu. Dann entscheidet er sich dazu, bei den bevorstehenden Wahlen nicht mehr anzutreten. 2022 gibt Leo dann – inzwischen Ehrenmitglied der Branchenorganisation Bergbahnen Graubünden und Ehrenpräsident des Internationalen Skiareatests – nach reiflicher Überlegung auch seinen Rücktritt bei der Nandrò AG bekannt, nach insgesamt 60 Jahren Arbeit für die Unternehmung. Als Erste werden Verwaltungsratspräsident Markus Schröcksnadel und Verwaltungsrat Martin Fritsch bei einem persönlichen Gespräch in Innsbruck orientiert; mit dabei ist Leos Sohn Ivar.

«Ich wollte nicht zu spät aufhören. Und um eine gewisse Kontinuität sicherzustellen, habe ich mir erlaubt, Ivar als meinen Nachfolger vorzuschlagen. Ausserdem war der Rücktritt in meinem Jubiläumsjahr der Tätigkeit für die Unternehmung wohl kaum falsch gewählt. An der Verwaltungsratssitzung im Juli 2022 wurde Ivars Nominierung zuhanden der Generalversammlung im Oktober einhellig unterstützt.»

Das Aktionariat folgt dem Vorschlag und wählt Ivar Jeker in den Verwaltungsrat. Als bleibendes Zeichen der Wertschätzung für Leos jahrzehntelange Dienste im Interesse der Savogniner Bergbahnen wird die erste einst beschneite Piste von Tigignas nach Savognin «Leo-Jeker-Piste» getauft.

2022 beschliesst Leo auch, das Haus an der Schlundstrasse, das er 1970 erworben und ab 1975 mit seiner Familie bewohnt hat, zu verkaufen. Ivar und Björn besitzen mittlerweile mit ihren Familien ihre eigenen vier Wände, Ivar in Stäfa, Björn in San Francisco. Leo zieht um in eine gemietete moderne Dreieinhalbzimmer-Wohnung an der Friedaustrasse in Zizers, ganz in der Nähe des Bahnhofs und der Überbauung Rosgarten, die er einst initiiert hat.

«Schade, dass Isabella das nicht mehr miterleben durfte. Wir haben in unserem Haus früher vieles selber gemacht, Isabella beispielsweise fast alle Malerarbeiten, und ich habe beim Holzaufbau mitgeholfen. Immer zusammen mit einheimischen Firmen, darauf habe ich schon geschaut. Und die Buben waren natürlich auch begeistert, die hatten ihren Auslauf. Aber jetzt war ich 79 Jahre alt und nicht mehr ganz so gut auf den Beinen wie früher. Es ist für alle Involvierten besser, wenn man ein dreistöckiges Haus verkauft, den Umzug und die Räumung vornimmt, so lange man noch beweglich ist und nicht alles plötzlich am persönlichen Umfeld hängen bleibt. Ausserdem: Ein so grosses Haus alleine zu bewohnen, während gleichzeitig Familien dringend ein Eigenheim suchen, das halte ich für nicht besonders nachhaltig.»

Mit Ivar an der Generalversammlung der Bergbahnen, 2022.

Der Wechsel in die Mietwohnung soll auch keineswegs einen Rückzug ins Private bedeuten. Leo bleibt weiterhin reisebegeistert, er besucht nach wie vor gerne seine alten Mitstreiter überall im Alpenraum und natürlich auch im Surses, dort zum Beispiel den gleichaltrigen früheren Metzgermeister Pietro Peduzzi, unter dessen Präsidium Leo einst mehrere Jahre lang Vorstandsmitglied der Sursetter Tourismusorganisation war. Peduzzi bezeichnet die im Jahr 1943 Geborenen gerne als Sprösslinge eines «Jahrhundertjahrgangs» – und seinen Freund Leo als «dritten Grossrat des Kreises Surses». Was Leo und Pietro Peduzzi natürlich speziell verbindet: Beide hatten sie – wie notabene auch Reto Gurtner in Laax oder Hans Falkner in Sölden – einen Metzgermeister als Vater.

2023. Jubiläumswiegenfest

Kein Kolumnen-Ende – Der 80. Geburtstag – Nicht realisierte Visionen – Die Dankeskapelle

Als Leo im Sommer 2023 mit einem Familienfest im Hotel-Restaurant «Krone» in Churwalden seinen 80. Geburtstag feiert, will er eigentlich seine Tätigkeit als Schreiber von Kolumnen im «Bündner Tagblatt» beenden. Seit den 1980er-

«Ideen zu haben ist eines, man muss sie auch verwirklichen»

Der Traum von Olympischen Spielen in Graubünden blieb für Leo Jeker unerfüllt, den olympischen Geist aber hat er als aktiver Sportler, Politiker, Funktionär, Netzwerker und Bergbahndirektor in den Bündner Bergen verbreitet wie den mit Hilfe der Technik selbst produzierten Schnee auf den Skipisten in Savognin. «Teilnehmen ist wichtiger als siegen», diesem von Pierre de Coubertin (1863–1937) in Zusammenhang mit den Olympischen Spielen der Neuzeit geprägten Satz hat Leo Leben eingehaucht. Die von ihm 1984 erschaffene Bündner Parlamentarier-Olympiade ist da nur eines der Beispiele dafür, wie Sport und Politik sich gegenseitig befruchteten. Bei den zusammen mit dem Skiclub Savognin organisierten Skirennen starteten in einem Dreier-Parallelslalom Parlamentarier zusammen mit einer Schülerin und einem Schüler aus ihrer Gemeinde. «Ideen haben ist eines, man muss sie auch verwirklichen», pflegte Leo jeweils zu sagen und liess den Worten immer Taten folgen. «Mir geht meist alles zu langsam», schildert er seine Wahrnehmung der Dinge, und nichts ärgert ihn mehr, als wenn eine Idee zuerst nach allen Seiten abgesichert werden muss. «Wenn Körper, Geist und Seele von positivem Denken geprägt sind, so sind wir auch in der Lage, Ideen rasch umzusetzen», ist seine Überzeugung.

Das schillernde Beispiel einer praktischen Ideenumsetzung war das Gastspiel des Skiweltcups 1985 in Savognin. Mit der Organisation von FIS-Rennen um die «Graubünden Trophy» auf den künstlich beschneiten Pisten in Tigignas jeweils zum Saisonauftakt hatte man sich bereits einen Namen geschaffen. Ende November reiste «Wanderprediger» Leo mit dem Privatauto an die World-Series-Rennen in Sestriere und schwärmte allen von den perfekten Verhältnissen am Slalomhang in Savognin vor. Die Botschaft dahinter: Bei Problemen an einem Veranstaltungsort sind wir sofort bereit, als Ersatzort einzuspringen. Auch Weltcup-Boss Serge Lang und der Churer FIS-Delegierte Hans Küng gehörten zu den Empfängern dieser Botschaft. Mit den erfolgreichen FIS-Rennen am 6./7. Dezember 1985 gaben die Savogniner eine weitere Visitenkarte ab. Als die Rennen in Leysin abgesagt werden mussten, ging alles ganz schnell. Innert weniger Stunden wurde die Organisation des Damen-Weltcupslaloms auf die Beine gestellt. «4000 Zuschauer, strahlender Sonnenschein, ein Schweizer Doppelsieg durch Erika Hess und Brigitte Gadient sowie Lob und Anerkennung seitens der FIS waren der Lohn für diese Parforceleistung», so die damalige Berichterstattung im «Bündner Sport». Zur regionalen Sportzeitung, die von 1985 bis 1995 erschien, und mir als deren Redaktionsleiter pflegte Leo einen freundschaftlichen Kontakt. Dieser wurde auch durch die langjährige gemeinsame Mitgliedschaft in der Sportförderungsorganisation Panathlonclub Chur und Umgebung, die Leo von 2016 bis 2020 präsidierte, gefestigt.

Ein spezielles Erlebnis hatten Politiker Leo und Journalist Norbert im Jahre 2008. Als damaliger stellvertretender Chefredaktor des «Bündner Tagblatts» pflegte ich jeweils mit den Standespräsidenten am Ende des Amtsjahres eine Bilanzwanderung zu unternehmen. In Leos Fall begleitete ich den «höchsten Bündner» hinauf zum Gipfel des Fürhörnli. Auf dem Rückweg sammelte ich am Wegrand gleich noch einige Pilze. Die Einladung zum Mittagessen musste Leo ausschlagen, weil er noch eine andere Verpflichtung hatte – zum Glück! Ich bereitete die Pilze zu Hause zu einem schmackhaften Mittagessen zu und verzehrte die vermeintlichen Steinpilze alleine, mit Folgen. Zwei Exemplare hatten zur Familie der Knollenblätterpilze gehört – schon 100 Gramm davon wären tödlich gewesen.

Norbert Waser, Chur
Langjähriger Sportredaktor und stellvertretender Chefredaktor beim «Bündner Tagblatt»

Jahren hat er sich in diesen viel beachteten Beiträgen regelmässig zu den unterschiedlichsten Themen aus Wirtschaft, Tourismus, Sport und Politik geäussert.

«Ich habe wirklich gesagt, so, das ist jetzt meine letzte Kolumne. Ich höre auf. Aber sowohl in der Familie als auch in meinem Umfeld hat es sofort geheissen, nein, das darfst du nicht tun. So lange du geistig bei Kräften bist, musst du weitermachen! Also gut, habe ich gedacht. Ab jetzt entscheide ich einfach von Jahr zu Jahr. Vielleicht teilt mir aber auch die Redaktion irgendwann mit: Fertig! Das würde ich verstehen. Ab einem gewissen Alter muss man aufpassen. Bis auf die Ski habe ich ja alles abgegeben – das sage ich jeweils, wenn man mich auf meine Ämter anspricht.»

An der Feier in der alten Heimat erinnert sich Leo nochmals zurück. An seine Eltern Regina und Leo Andreas. An das Fitnesstraining beim Fleischtragen in der Metzgerei, an das Holzen und Viehhüten. An die ersten roten Holzski und das Slalomtraining in der Waldlichtung, die Handorgel und die Blechmusik, Disentis und Tobias Kuoni, Isabella und Savognin. An all das Erreichte in den unterschiedlichsten Lebensbereichen. Und doch gibt es auch ein paar Ideen und Pläne, die – wie die Hundertwasser-Ferienalp oder das «Castle» auf Radons – zwar geprüft wurden, aber doch Visionen geblieben sind.

1989 zum Beispiel gibt es Bestrebungen, im Raum Stanegn neben dem gleichnamigen früheren Skilift eine Fotovoltaikanlage zu bauen, die das zu dieser Zeit grösste Solarkraftwerk Europas wäre. Die Bergbahnen arbeiten gemeinsam mit der Alpkorporation, der Gemeinde und dem in der Region bestens verankerten Stadtzürcher Elektrizitätswerk EWZ an diesem Projekt; die beiden Unternehmungen verbindet eine gute Kooperation auf Augenhöhe, und Leo weiss, dass mit der seit Jahrzehnten andauernden Tätigkeit des EWZ im Surses bedeutende Vorteile für das ganze Tal verbunden sind. Die nötige Stromleitung wäre im Gebiet ebenfalls bereits vorhanden. Doch das Solar-

Leos Familie an der Feier zum 80. Geburtstag, 2023.

vorhaben erweist sich als chancenlos – die Umweltorganisationen sprechen sich klar dagegen aus, weshalb Leo den «grünen Fantasten», wie er sie nennt, noch Jahre später «fehlenden Weitblick» attestiert. Nicht zuletzt wieder angesichts des vom Bundesrat im Jahr 2022 beschlossenen Solarexpresses, der hochalpine Grosssolaranlagen ermöglichen will und auch im Skigebiet Savognin erneut zu einem EWZ-Solarprojekt führt. Allerdings wird das Vorhaben namens «Nandrò Solar» nach heftiger Kontroverse und emotionalen Diskussionen im Januar 2024 von der Sursetter Stimmbevölkerung abgelehnt.

«Die Leute waren förmlich unter Strom, hatte ich das Gefühl. Man hat auch mich gefragt, was ich vom Projekt halte. Ich habe gesagt, für uns als Bergbahnen ist es sicher nicht von Nachteil, und damit ist es für euch sicher von Vorteil. Aber entscheiden müsst ihr.»

Verschiedene Ideen gibt es unter Leos Führung auch für zusätzliche Savogniner Skigebiets-Erschliessungsmöglichkeiten. Man denkt unter anderem an ein Resort in Salouf mit einer Gondelbahnverbindung hinauf nach Ziteil oder auch an eine Talgondelbahn vom Bahnhof Tiefencastel nach Salouf. Eine Gondelbahn von Rona auf die Alp Flix zählt ebenfalls zu den in Betracht gezogenen Optionen. Und sogar eine Gondelbahn ins Skigebiet von der anderen Bergseite her: aus dem Schamser Raum Pignia-Andeer in Richtung Piz Cartas.

«In Frankreich, in Österreich oder auch im Südtirol hatte man ähnliche Projekte für Zubringeranlagen bereits realisiert. Aber bei uns haben die Leute gesagt, da seien ja riesige Distanzen, die man da überbrücken müsse. Das stimmt, aber wir hatten auch unsere Argumente: Wir hätten weniger Autos und dafür einen direkten Anschluss an die Autostrasse A13 respektive im Fall von Tiefencastel an die Bahnlinie. Ausserdem wäre bei einer Bahn Schams-Piz Cartas eine ganze Gästeregion viel näher herangerückt. Ich bin damals mit meinem Schamser Parteikollegen Hansjörg Hassler ins Gelände bei Pignia gegangen. Wir mussten dann aber einsehen, dass das Bewilligungsverfahren für eine solche Anlage viel zu aufwendig gewesen wäre. Die Distanzen sind schon enorm.»

Eine weitere ambitionierte Idee entsteht in Zusammenhang mit den Plänen für die Splügenbahn. Das Projekt einer Ostalpen-Transitachse auf der Schiene konkurrenziert lange Zeit mit dem letztlich realisierten Vorhaben für einen Gotthard-Basistunnel. Leo sitzt mit einem Glarner Ingenieur zusammen, der bereits Erfahrung im Bau von Tunnelliften für die Schweizer Armee hat. Die Vision: Aus dem Eisenbahntunnel zwischen Thusis und Chiavenna soll

Zwei Jahrgänger und Freunde – Leo mit Pietro Peduzzi, 2023.

Aufstieg zum Pizalun, 2023.

ein Aufzug nach oben führen und das Skigebiet Savognin erschliessen – eine Art Porta Alpina am Splügen. Von der ÖV-Bahnlinie direkt auf den Gipfel, das gibt es bislang vielleicht am Jungfraujoch oder an der Zugspitze, aber natürlich nicht mit einem Tunnellift.

«Ich hatte dem Ingenieur gesagt, wir hätten kein Geld für eine Studie, aber er war trotzdem bereit, sich das Ganze anzuschauen. Das sei ja mal eine ganz verrückte Idee, hat er gemeint, so von der Tunnelachse hinauf auf den Gipfel. Sein Ergebnis war dann: Es wäre machbar, eine Kostenschätzung hingegen sei schwierig. Mir ging es einfach darum, bereit zu sein für den Fall, dass der Entscheid in Sachen Neue Alpentransversale zugunsten der Splügenbahn ausfiele. Aber 1992 wurde dann halt der Neat-Bau

am Gotthard beschlossen, und die Variante Splügen ging ebenso ‹ds Loch ab› wie unsere Idee …»

2008 wird Leo vom ehemaligen Gemeindepräsidenten von Zillis-Reischen, Hilarius Castelberg, angefragt, ob er nicht als Beisitzer und Berater in seinem Projekt für einen 18-Loch-Golfplatz im Schams mitmachen würde. Castelbergs Ziel: die Anlage bis Mitte 2012 auf einer Fläche von 45 Hektar zwischen Zillis und Pignia zu realisieren. Im Kernteam mit dabei sind neben Castelberg Walter Candrian aus Sagogn und der Andeerer Gian-Duri Cantieni; als Golfplatz-Architekt macht der erfahrene, europaweit tätige John Chilver-Stainer mit. Doch das Vorhaben scheitert letztlich an Einsprachen und am Widerstand einzelner Landwirte.

Im Sommer 2011 unternimmt Leo einen Rundgang im Gebiet Somtgant-Piz Martegnas. Er sucht nach Ideen für den folgenden Sommer, die frühere Nandrò AG wird dann den 50. Geburtstag feiern können. Da kommt ihm ein Gedanke: Könnte nicht bei Somtgant eine kleine Bergkapelle errichtet werden? Als Dank an die Initianten und Gründer der Unternehmung, an die Gemeinde und die Alpkorporation, die Mitarbeitenden, Erbauer, Lieferanten, Aktionäre und Partizipierenden, die Skigebietsgäste und Partner, überhaupt alle irgendwie Involvierten? Und auch als Dank dafür, dass die Bergbahnen in den fünf Jahrzehnten vor grösseren Unfällen oder gar Katastrophen verschont geblieben sind? Ein einziges Mal hat ein Angestellter bei Arbeiten mit einer Revisionskiste am Skilift Somtgant-Piz Martegnas schwere Verletzungen erlitten, die zu einer Teilinvalidität führten; ein Ereignis, mit dem Leo bis heute hadert. Jedenfalls: Der Gedanke an die Dankeskapelle fasziniert ihn, er zieht bereits Peter Zumthor als möglichen Architekten in Betracht.

«Weshalb die Kapelle? Die Savogniner Bergbahnen sind ein geerdetes Unternehmen, wir wissen, es ist nicht alles selbstverständlich, was wir umsetzen durften. Und wir hatten praktisch immer Glück. Ich hatte einfach das Gefühl,

eine Dankesstätte in irgendeiner Art wäre nach so vielen Jahren passend. Ich bin dann auch mit meiner heutigen Lebensgefährtin Astrid Kuoni nach Somtgant und wollte wissen, wie sie das Ganze sieht. Sie hatte ja von Tobias und Jürg Andreas Kuoni her alles miterlebt. Ich kannte solche kleinen Kapellen in der Höhe aus Frankreich und aus dem Tirol, zum Beispiel aus dem Zillertal, wo ich einmal mit Isabella war. Mit dem Sohn eines der Skigebietsinitianten gingen wir ins Gletscherskigebiet, und später hat er mir oberhalb des Hofs der Familie die Kapelle gezeigt, die sein Vater erbaut hatte. Etwas abseits, auf einer Alp. Und das hat mich nie mehr losgelassen. So eine Kapelle wäre eine Stätte des Dankes, der Rückbesinnung und der Begegnung. Genau darum geht es mir. Der bekannte Marienwallfahrtort Ziteil ist zwar nicht besonders weit weg von Somtgant, aber ich finde trotzdem, so eine Stätte würde unserem Ski-

Beim Heididorf ob Maienfeld mit Astrid Kuoni, ihrem Enkel Leonis und ihrer Tochter Jeannine Uehli, 2024.

gebiet und unserer Region guttun. Schlussendlich blieb es 2011 bei der Idee. Aber es ist gut möglich, dass ich sie noch einmal aufgreife und nach aussen trage. Sorge bereitet mir zwar das Bewilligungsverfahren. Aber ich habe die Dankeskapelle nicht aufgegeben. Ich hoffe ja, mir bleiben noch ein paar Jährchen.»

“Ich bin nicht Ideologe,
ich bin Praktiker mit Bodenhaftung.”

Leo Jeker

“Wir brauchen ein Chancental,
kein Jammertal.”

Leo Jeker

“Wir aus den Bergen haben alpinen
Menschenverstand.”

Leo Jeker

Whistler – Vancouver – San Francisco – Sonoma: Eine Reise zum 80. Geburtstag

von Björn Jeker

Zu Leos 80. Geburtstag lassen sich seine beiden Söhne Björn und Ivar etwas Besonderes einfallen. Um die Katze nicht zu früh aus dem Sack zu lassen und ihren Vater mit etwas Unspektakulärerem abzuspeisen, übergeben sie ihm an seinem Familienfest vom 21. Oktober 2023 im Hotel «Krone» in Churwalden – direkt bei der ehemaligen Metzgerei Spiess, wo Leos Vater einst eine Metzgerei geleitet hat – ein gerahmtes Werbeplakat von Whistler, Kanada. Dies mit den Worten, Leo habe sich immer von anderen Regionen und Leuten aus der ganzen Welt inspieren lassen – nicht zuletzt auch von den ersten Schneemacherversuchen in Nordamerika, die ihn davon überzeugt hätten, 1978 in Savognin Europas erste Grossschneeanlage zu realisieren. Erst danach lüften die Söhne das Geheimnis: dass sie ihn zu einer neuen Inspirationsreise nach Nordamerika einladen, inklusive Skiwoche in Whistler.

Am 10. Februar 2024 geht es los. Leo reist mit Ivar von Zürich über Frankfurt nach Vancouver. Dort wartet schon Björn, der von San Francisco angereist ist. Für die erste Übernachtung wählen sie Vancouver, die Hauptstadt und

Am Hafen von Vancouver mit Amelia, Kira, Ivar und Björn (von links), 2024.

Mit Kira, Ivar und Björn in Whistler am Start der Olympiaabfahrt 2010, die von Didier Defago gewonnen wurde, 2024.

das wirtschaftliche Zentrum der kanadischen Provinz Britisch-Kolumbien, ein Ort mit vielen neuen Wohntürmen, umgeben von Meeresbuchten und grandioser bewaldeter Berglandschaft. Am nächsten Morgen wird im Granville Island Market Delikatessenproviant für Whistler eingekauft. Mit frischem Brot, Fleisch und Käse fahren sie auf dem Sea-to-Sky-Highway zum 90 Minuten oder 160 Kilometer entfernten Whistler. Leo hat in früheren Jahren Whistler öfters besucht. Dort wohnt auch Paul Mathews, Gründer und Inhaber des Unternehmens Ecosign Mountain Resort Planers. Diese Firma ist weltweit tätig und hat in der Schweiz in den 1980er-Jahren Planungen in Savognin, Arosa und Laax vorgenommen.

Während fünf Tagen erkunden sie die vielfältigen Abfahrten in den beiden grossen Skigebieten Whistler und Blackcomb, die über die längste freihängende Gondelbahn «Peak 2 Peak» von Doppelmayr/Garaventa verbunden sind. Die Pisten im hochalpinen Bereich sind nach neuen Schneefällen vor ihrer Ankunft sehr gut, weiter unten ist der Schnee schon etwas hart, nachdem es eine Woche zuvor bis auf den Gipfel geregnet hat (Whistler Base liegt auf 675 Metern über Meer und ist nur 60 Kilometer vom Meer entfernt). Unterhalb der Baumgrenze sind die Pisten aus den weitläufigen borealen Wäldern geschlagen. Alpwiesen gibt es hier nicht.

Whistler gilt gemessen an der Liftkapazität (70 000 Gäste pro Stunde) als Nordamerikas grösstes Skigebiet und verfügt über etwa 200 verschiedene Abfahrten. Höchster Punkt ist Blackcomb Mountain (2440 Meter über Meer). Whistler Peak hat eine Höhe von 2182 Metern und bietet eine fantastische Rundumsicht auf die kanadische Bergwelt und den Garibaldi-Provinzpark. Whistler war Austragungsort verschiedener alpiner Disziplinen der Olympischen Spiele von 2010 in Vancouver und wurde 2016 von Vail Resorts übernommen.

Auf der kulinarischen Entdeckungsreise gibt es für Leo, Ivar und Björn neben dem traditionellen «Trio of Fondue» im «Le Chalet» mit Käse, Alberta-Rindfleisch und Schokolade, viel Abwechslung: Sushi und Teppaniaki, Küche aus dem Nahen Osten, flambierte Pekingente aus Fernost sowie lokale «Farm-to-Table»- und «Sea-to-Table»-Spezialitäten aus Britisch-Kolumbien.

Nach Kanada geht Leos Reise weiter mit Björn in dessen Wahlheimat San Francisco und Sonoma. Leo kann sich im Silicon Valley ein Bild vom rasanten technologischen Wandel machen, der sich primär virtuell mit Software abspielt, aber gleichzeitig die Nachfrage nach Natur, Sinn und Aktivitäten in der realen Welt – insbesondere nach der Pandemie – noch verstärkt hat. Björn und viele andere suchen jeweils zur Abwechslung vom Bildschirm «das Weite» im zwei Stunden entfernten Weinbaugebiet von Sonoma oder in den vier Stunden entfernten Bergen um den Lake Tahoe in der Sierra Nevada.

Am 24. Januar fliegt Leo mit Björn ab San Francisco wieder nach Zürich. Kurz darauf geht es dann gleich in Savognin auf die Piste. Ein erster Vergleich zu Nordamerika: breitere Pisten, kürzere Wartezeiten. Zwar kein Sushi am Berg, aber Bündner Spezialitäten sind auch nicht ohne!

Erinnerungen an Isabella Jeker-Wüthrich

von Björn und Ivar Jeker

Isabella wurde am 1. Juni 1948 in Wattwil (St. Gallen) als Tochter von Agnes Zürcher und Friedrich Wüthrich geboren. Zur Schwester Judith kamen später noch die Geschwister Roland, Markus und Priska hinzu. Die ersten Lebensjahre verbrachte Isabella in Wattwil und im toggenburgischen Ebnat-Kappel. Eine Zeit, in der sie auch eine starke Bindung zu ihrer Grossmutter – «Mutti» – entwickelte, die bis zu deren Tod Bestand haben sollte.

Nach der Primar- und Sekundarschule verliess sie 1962 im Alter von 14 Jahren die Heimat, um sich als Volontärin in Sprachinternaten Französisch und Englisch anzueignen. Sie entwickelte eine regelrechte Affinität zu Fremdsprachen; im Lauf ihres Lebens sollten noch Italienisch, Russisch, Schwedisch und Norwegisch dazukommen.

Nach Abschluss des Auslandaufenthalts kehrte Isabella zur Familie zurück, die mittlerweile nach St. Gallen umgezogen war. Im selben Sommer verbrachte sie mit zwei Kolleginnen Zelt- und Wanderferien in Sils Maria im Engadin. Ständiger Regen verhinderte angenehmes Zelten, was sie dazu bewog, den Aufenthalt in einer Jugendherberge in der Val Müstair fortzusetzen. In dieser Gegend lernte Isabella damals ihren späteren Mann Leo kennen. Die Berge brachten sie zusammen, auf Wanderungen am Ofenpass, zum Lai da Rims und beim Sommerskifahren auf dem Stelvio-Gletscher.

Mit einem Bildungsfonds-Stipendium und Haushaltsarbeiten in ihrer Freizeit finanzierte Isabella die dreijährige Handelsschule in Menzingen (Zug). Das Praktikum absolvierte sie im Advokaturbüro von Tobias Kuoni in Landquart. Seit dieser Zeit verband sie eine Freundschaft mit der ganzen Familie Kuoni. 1967 schloss Isabella die Handelsschule mit dem Diplom ab. Es folgten Festanstellungen im Treuhandbüro Zinsli in Arosa, im Büro einer Churer Apotheke und im Churer Treuhandbüro Weidinger.

Am 4. Oktober 1969 heirateten Isabella und Leo; sie bezogen eine gemeinsame Wohnung in Landquart. Als Hochzeitsreise wünschte sich Isabella eine Kreuzfahrt von Triest ans Schwarze Meer. Das junge Paar verbrachte auch immer wieder viel Zeit in den Bergen, sommers wie winters und bei jedem Wetter, sei es auf Gebirgstouren oder beim Skifahren. Im Wallis bestiegen sie gemeinsam etliche Viertausender.

Schon damals waren Leos Beruf und das Private kaum zu trennen. Isabella machte auch lange Reisen und grosse Strapazen spontan und mit Begeisterung mit. Aus Zeit- und Kostengründen fuhren sie in der Regel immer nachts, nach Grenoble, Chamonix, Schladming, Kitzbühel oder Alta Badia. Ein besonderes Abenteuer war im Sommer 1971 ihre Reise im privaten Auto via Deutschland, Polen, die Tschechoslowakei und die Sowjetunion nach Moskau und Leningrad, von dort aus zum Nordkap und wieder zurück in die Schweiz.

Eine neue berufliche Herausforderung stand an, als Isabella danach das Direktionssekretariat der Teppichfabrik Malans übernahm. Als 1973 das erste Kind Björn auf die Welt kam, entschloss sich Isabella dazu, die Berufstätigkeit aufzugeben und ganz auf die Karte Mutter und Hausfrau zu setzen. Kurze Zeit später zog die junge Familie nach Zizers. Im Frühherbst 1977 wurde Björns Bruder Ivar geboren. In der Gemeinde engagierte sich Isabella stark in verschiedenen Organisationen und Vereinen, ausserdem übernahm sie mit Freude zwei Patenschaften in der Familie.

Isabella im Alter von 20 Jahren, 1968.

Von Anfang an verbrachte die ganze Familie viel Zeit im Surses und im hohen Norden, zwei Gegenden, die beide quasi zu einer zweiten Heimat für die Jekers wurden. Gemeinsam mit Leo, Björn und Ivar bereiste Isabella in gut 20 Jahren praktisch alle Regionen Skandinaviens.

1988 fällte Isabella nach reiflicher Überlegung den Entscheid, in die Berufswelt zurückzukehren und gleichzeitig weiter den Haushalt zu besorgen. Sie arbeitete als Direktionssekretärin bei Calanda Haldengut, später bei der Direktion Kantonale Kliniken und im Kantonsspital Graubünden. In dieser Zeit bildete sie sich auch weiter in Astrologie und Psychosynthese, einer Form der Psychotherapie, die gesunden Menschen mit alltäglichen Beeinträchtigungen wirksame Hilfe bieten will. Isabella begann fruchtbare Freundschaften mit Studienkolleginnen und -kollegen aus nah und fern; ihre Forschungsarbeit befasste sich vor allem mit der Lebensfreude, ein Thema, das sie auf ihrem weiteren Lebensweg stets begleiten würde.

Ein letztes Kapitel nahm im November 2001 den Anfang, als bei Isabella nach mehreren Untersuchungen die Diagnose Krebs gestellt wurde. Nur kurze Zeit später musste sie sich einer ersten schweren Operation unterziehen, von der sie sich nur langsam erholte. Dennoch kehrte sie dank ihrer Willenskraft schon im April 2002 wieder an die Arbeit zurück. Im August kam es aber bereits zu einem Rückfall und einem zweiten schweren Eingriff. Die Rehabilitation im spätsommerlichen Brissago tat ihr sehr gut.

Einer ihrer grössten Wünsche erfüllte sich im Juli 2003 mit der schon seit 30 Jahren geplanten Reise mit Leo nach Alaska. Auf dieser Reise musste sie aber auch vom Tod ihres jüngeren Bruders Markus erfahren. Er war innert kürzester Zeit an Krebs verstorben. Die Nachricht traf sie schwer. Ihre grossen geistigen und auch physischen Kräfte liessen Isabella gleichzeitig noch immer Erstaunliches leisten. Immer wieder erkundete sie die Bergwelt aufs Neue. Am 18. April 2004 stand sie das letzte Mal in Savognin auf den Ski. Ihre letzte Abfahrt überhaupt machte sie zusammen mit Leo im August 2004 auf dem Gletscher in Sölden.

Für kurze Zeit konnte Isabella den Krebs stoppen, doch im Frühling 2004 breitete er sich weiter aus. Es folgten Monate der Behandlungen, Therapien und Studien in Chur, Bern, St. Gallen und Brunnen, dann die dritte, sehr schwere Operation im Herbst 2005. Björn kehrte fast jeden Monat aus den USA heim, und eine gleichzeitige berufliche Auszeit von Ivar war eine glückliche Fügung. So konnten sich beide um ihre Mutter kümmern und wertvolle Momente mit ihr verbringen.

Am 27. Juni 2006 musste sich Isabella ins Kantonsspital Chur begeben. Nur einmal, am 1. September, konnte sie noch für ein paar Stunden in ihr geliebtes Heim in Zizers zurückkehren. Begleitet von Leo, ihrer Mutter Agnes, ihren beiden Söhnen, ihren Schwestern und ihren engsten Freunden verbrachte Isabella die letzten Tage und Stunden in sehr angenehmer und liebevoller Atmosphäre im Wohnheim Däscher in Zizers. Am 30. September 2006, kurz vor 22 Uhr, schlief sie für immer ein.

Isabella Jeker-Wüthrichs Forschungsarbeit

von Jano Felice Pajarola

1995 schloss Isabella Jeker-Wüthrich ihre Diplomarbeit mit dem Titel «Astrologie und Psychophysiognomik» ab. Darin hielt sie unter anderem ihre Motivation für ihre Studien fest: «Aufgrund der persönlichen Überzeugung, dass jedem Menschenleben auf diesem Planeten ein ganz bestimmter Sinn und Zweck zugrunde liegt, dass es in seiner eigenen Entwicklung wie auch in der ganzen Evolution der Menschheit einen bestimmten Auftrag zu erfüllen hat, bin ich meinem tiefen Bedürfnis nachgekommen, herauszufinden, worin meine individuelle Aufgabe liegt. Damit habe ich mich auf den Weg der Selbsterkenntnis gemacht. In der Astrologie habe ich ein geeignetes Mittel gefunden, zu tieferer Selbsterkenntnis zu gelangen. Gleichzeitig hat mir die Astrologie Tür und Tor geöffnet zu grösserer Menschenkenntnis. Das Interesse am Menschsein an sich wurde geweckt. In der Psychophysiognomik habe ich ein weiteres Mittel gefunden, Menschen zu erkennen und in ihrem Wesen zu erfassen.» Die physiognomische Psychologie, so Isabella, zeige innere Energien und äussere Formbildungen in einer Wechselwirkung und erfasse Körper, Geist und Seele des Menschen. «Dadurch sollen individuelle Anlagen, Neigungen und Fähigkeiten erkannt werden.» Diese Erkenntnis wiederum diene als Mittel zur psychologischen Lebenshilfe.

2004 folgte Isabellas Projektarbeit in Therapeutischer Psychosynthese zum Thema «Lebensfreude». Sie habe sich, schreibt Isabella darin, sehr früh in ihrem Leben das Freuen abgewöhnt – weil sich daraus oft Enttäuschungen und Verletzungen ergeben hätten. Zwar habe es auch in ihrem Erwachsenenleben immer wieder Grund zur Freude gegeben, doch auch dann noch stets verbunden mit einem «mulmigen Gefühl im Bauch», einer Angst, die Freude würde ihr umgehend durch etwas Negatives entzogen «oder ich sei es nicht würdig, mit dieser Freude beglückt zu werden». Als sie im Herbst 2001 schwer erkrankt sei, sei ihr bewusst geworden, wie sehr ihre Lebensfreude auf der Strecke geblieben sei. Isabella war überzeugt: Dieser Mangel war ein guter Nährboden für die Krankheit. «In meinem Ringen um meine Gesundheit wurde mir klar, dass die wichtigste Voraussetzung zur Genesung die Entwicklung der Lebensfreude war.» Diese Erkenntnis war für sie der Anfang einer Wandlung. Sie habe durch das Generieren von Lebensfreude sehr rasch ihre Lebensqualität steigern können. Ein Kernsatz aus ihrer Arbeit: «Lebensfreude ist der Grundzustand unserer unsterblichen Geist-Seele, völlig unabhängig und unzerstörbar von äusseren Bedingungen. Sie kann von äusseren Faktoren verdeckt und verdunkelt, aber niemals zerstört werden.»

Mit der Hinwendung zum Selbst, dem Mut zum Selbst, dem Anfangen bei sich selbst, dem Ruhen in sich selbst, dem Annehmen des eigenen Selbst in Liebe bringe man Freude in sein eigenes Leben und damit auch in das Leben anderer. «Wahre Lebensfreude ist die Freude des Lebens an sich selbst, die Freude am Leben als Ganzes. Sie trägt daher auch das Leid, die Trauer, den Schmerz, umfasst das Negative als Teil des Ganzen, kann es akzeptieren, wertschätzen und integrieren.» Lebensfreude sei eine über die einzelnen Gefühle hinausgehende Synthese. «Sie ist kein Habenwollen, sondern ein Seinszustand eines bewussten Lebens.» Und dies zu erreichen sei ein Ziel der Psychosynthese.

Lebenslauf Björn A. Jeker

Björn wurde am 11. Oktober 1973 geboren. Er besuchte in Zizers die Primarschule, in Chur die Kantonsschule und studierte anschliessend Internationales Management an der Universität St. Gallen, wo er 1999 als lic.oec. HSG abschloss.

Gleich nach dem Studium zog es ihn nach Nordamerika. Als Finanzanalyst im «Office of the President» der University of California in Oakland war er für das Rechnungswesen verschiedener IT- und Automatisierungsprojekte verantwortlich, unter anderem für das öffentlich-private Partnerschaftsprojekt zum Aufbau des neuen Glaskabelnetzwerks zwischen San Diego, Sacramento und San Francisco. Danach trat Björn einer Beratungsfirma bei, die sich auf interne Revision und Prozessoptimierung spezialisiert hatte. Innerhalb von vier Jahren arbeitete er sich zum Partner mit Verantwortung für Grosskunden hoch, darunter Qualcomm in San Diego, deren interne Revision er als externer Berater durch die turbulente Zeit des Technologieaufschwungs und -abschwungs leitete. Mit dem Erfolg, dass Qualcomm als erste Firma weltweit das interne Kontrollsystem ein Jahr vor der Frist nach dem als «Sarbnes-Oxley Act» bekannten neuen US-Gesetz zertifizieren liess, machte er sich selbständig und gründete sein eigenes Beratungsunternehmen CRC Results für fraktionelle CFO-Dienstleistungen in San Francisco.

Björns Passion ist es, europäische Geschäftsideen und Innovationen in die USA zu bringen und den Jungunternehmen und KMU dabei zu helfen, diese Ideen und Innovationen mit amerikanischer Marketing- und Verkaufsversiertheit zu verbinden. Dies tut er auch in seiner Rolle als ehemaliger Präsident und jetziger Vizepräsident der Schweiz-Amerikanischen Handelskammer in der San Francisco Bay Area und Mitgründer der Europäisch-Amerikanischen Handelskammern und Interessengemeinschaften, kurz Eurocham.

Björn mit Amelia und Kira, 2020.

Björn ist verheiratet mit Amelia und hat eine Tochter, Kira. Die Familie wohnt in San Francisco, verbringt gerne Zeit im anderthalb Stunden nördlich gelegenen Weinbaugebiet von Sonoma oder als Weltenbummler zu allen Ecken und Enden in Südamerika, Ozeanien, Asien, Afrika und der Arktis. Auf die Ski steigt Björn neben Whistler, Lake Tahoe und Colorado immer noch gerne in Savognin oder im Engadin.

Lebenslauf Ivar Jeker

Ivar Jeker wurde am 12. September 1977 geboren. Er besuchte das Wirtschaftsgymnasium an der Kantonsschule in Chur und studierte Betriebswirtschaft an der Universität St.Gallen, wo er 2004 als lic.oec. HSG abschloss.

Seine beruflichen Stationen führten ihn in zuerst in die Finanz- und Versicherungsbranche. Ein Teil dieser Zeit verbrachte er in Taipei/Taiwan. Später wechselte er in die Luxus- und Konsumgüterindustrie. Zwischen 2006 und 2018 arbeitete er für die österreichische Kristalldynastie Swarovski. Die ersten Jahre war er als Internal Auditor tätig, was ihn in dutzende Länder weltweit führte. Danach wurde er CFO und später CEO der Schweizer Swarovski-Niederlassung. In dieser Rolle zeichnete er auch für den Swarovski-Weihnachtsbaum am Hauptbahnhof Zürich verantwortlich.

Nachdem er in den Jahren 2019 bis 2021 in der Gastronomie als CFO bei Candrian Gastronomie und Hotels gearbeitet hatte, kehrte er zurück in die Marken- und Handelswelt. Seit Frühling 2021 amtet Ivar als CEO des Schweizer Heimtextil-Traditionsunternehmens Schlossberg. Die Ursprünge des Familienunternehmens mit Sitz in Turbenthal gehen zurück bis ins Jahr 1833. Schlossberg verkauft hochwertige Heimtextilien der Bereiche Bett, Bad und Living in über 30 Länder. In der Schweiz und Deutschland unterhält das Unternehmen eigene Retail-Standorte und eigene Online-Shops.

Seit Herbst 2022 gehört Ivar dem Verwaltungsrat der Savognin Bergbahnen AG an, wo er mit Demut und Leidenschaft das Lebenswerk seines Vaters weitertreibt.

Ivar ist verheiratet mit Riccarda, die ebenfalls in Graubünden aufgewachsen ist und seit über 20 Jahren im Marketingbereich von Swarovski arbeitet. Die beiden sind stolze Eltern von Lia, Jan und Ava. Die drei Kinder haben die Sportbegeisterung ihrer Mutter und ihres Grossvaters Leo geerbt und sind im Sommer auf dem Fussballplatz des FC Stäfa, im Winter auf den Ski in Savognin anzutreffen. Die Familie wohnt in Stäfa am Zürichsee.

Ivar mit Jan, Lia, Ava und Riccarda, 2024.

Anhang

Leo Jekers Beruf, Ämter und Engagements: Jahreszahlen im Überblick

1960–1963	Kaufmännische Lehre bei Tobias Kuoni in Landquart
1963–1970	Verwaltungsangestellter bei Tobias Kuoni • Gründungen, Beratungen und teilweise Leitung verschiedener Bergbahnunternehmungen in Graubünden, St. Gallen, in der Innerschweiz und in Bern • Bau und Verwaltung von Mehrfamilienhäusern für die Familien Kuoni und Zindel sowie für andere Investoren in Landquart, Chur, Bad Ragaz, Trübbach, teilweise gemeinsam mit Ehefrau Isabella • Gründung Heidihof AG, Realisierung Kinderlift nach Bau Hotel «Heidihof» bei Maienfeld • Buchhaltung und Verwaltung der Gasthausgesellschaft Fadära mit Landwirtschaftsbetrieb und Wohnhaus, Familien Kuoni und Zindel • Buchhaltung und Verwaltung alte Freihof-Liegenschaft bei Landquart Fabriken, Familien Kuoni und Zindel
1970	Nach neun Jahren der teilweisen Tätigkeit nun voll für die Bergbahnen in Savognin im Einsatz; Prokura Nandrò AG
1970–1975	Mitgründer und Präsident Wehrsportverein Chur
1971–1978	Vizedirektor Nandrò AG
1974–1976	Verwaltungsrat Sportbahnen Grüsch AG
1976–1987	Verwaltungsrat Truns AG
1978–1983	Ausschuss Werbekommission Verkehrsverein Graubünden
1978–1986	Vorstand Bergbahnen Graubünden

1978–1988	Direktor Nandrò AG
1987–1998	Leitender Ausschuss Verkehrsverein Graubünden
1987–2010	Vorstand Handelskammer und Arbeitgeberverband Graubünden (Vizepräsident von 1997–2010)
1988–2008	Vorsitzender der Geschäftsleitung Nandrò AG respektive Savognin Bergbahnen AG
1989–2022	Verwaltungsrat der Savogniner Bergbahnen
1990–1999	Mitgründer und Präsident Interessengemeinschaft Tourismus Graubünden ITG (ausserdem 2004–2005)
1991–1994	Grossrat-Stellvertreter Kreis Fünf Dörfer
1991–1996	Mitglied Geschäftsprüfungskommission Gemeinde Zizers
1991–2006	Mitglied Finanzkommission Gemeinde Zizers
1991–2008	Verwaltungsrats-Vizepräsident Druckerei Landquart AG
1994–2012	Vorstand Schweizer Tourismus-Verband
1994–2018	Grossrat Kreis Fünf Dörfer
1996–2018	Gründungsmitglied und Ausschuss Stiftungsrat Wirtschaftsforum Graubünden
1997	Polit-Oscar Gastro Graubünden
1997–1998	Mitglied Gemeindevorstand Zizers
1997–2001	Geschäftsleitungsmitglied SVP Graubünden
1997–2006	Vorstand SVP-Grossratsfraktion
1998–2006	Stiftungsrat OeKK Kreis Fünf Dörfer
1998–2006	Vorstand Tourismusorganisation Surses, Mitinitiant und Ideengeber Drei-Säulen-Konzept der Destination
2004	Seilbahner des Jahres
2005–2008	Verwaltungsrat Surses Alpin SA
2005–2018	Verwaltungsrat S1 Hotelerrichtungs AG
2006	Tourismuspreis «Milestone» für Lebenswerk
2006–2007	Standesvizepräsidium
2007	Auszeichnung «Tardis-Stein»

2007–2008	Standespräsidium
2011–2020	Bürgerratspräsident Zizers
2012	Lebenswerk-Ehrenpreis Skiareatest Alpenraum
2013–2019	Beirat Schweizer Tourismus-Verband
2016–2020	Präsident Panathlon-Club Chur und Umgebung (Mitglied seit 1987)
2018	Ehrenmitglied Bergbahnen Graubünden
2021	Ehrenpräsident Internationaler Skiareatest
2022	Verabschiedung Savognin Bergbahnen, Ehrung «Leo-Jeker-Piste»

Verwaltungsratsmitglieder der Savognin Bergbahnen AG 1962 bis 2024

Tobias Kuoni	Präsident von 1962 bis 1971 und von 1982 bis 1998; 1998 Ehrenpräsident
Leza Spinatsch	Vizepräsident von 1962 bis 1995
Hermann Kirschke	Mitglied von 1962 bis 1972
Sebastian Stuppan	Mitglied von 1962 bis 1993
Hans Bochsler	Mitglied von 1962 bis 2004 sowie Präsident 1980/81 und 1981/82
Dr. Andreas Kuoni	Präsident von 1971/72 bis 1979/80
Reto Kirschke	Mitglied von 1972/73 bis 1993
Maya De Marchi-Stuppan	Mitglied von 1993 bis 1995
Dr. Reto Mengiardi	Mitglied von 1991 bis 1995, von 1995 bis 1998 Vizepräsident und von 1998 bis 2011 Präsident
Renzo Cavegn	Mitglied von 1992 bis heute
Sep Guetg	Mitglied von 1995 bis 2002
Jörg Pool	Mitglied von 1995 bis 2011
Jürg Andreas Kuoni	Mitglied von 1998 bis 2006
Otmar Netzer-Züger	Mitglied von 2002 bis 2007
Dr. Franz Hidber	Mitglied von 2004 bis 2011

Dr. Christian Rathgeb	Mitglied von 2006 bis 2011
Patric Vincenz	Mitglied von 2007 bis 2017
Leo Thomann	Mitglied von 2017 bis heute
Leo Jeker	Mitglied von 1989 bis 2022
Ivar Jeker	Mitglied von 2022 bis heute
Dr. Markus Schröcksnadel	Präsident von 2011 bis heute
Dr. Anton Schmidl	Vizepräsident von 2011 bis heute
Martin Fritsch	Mitglied von 2011 bis heute
Dr. Peter Schmidl	Mitglied von 2011 bis heute

Stammaktionäre

Gemeinde Savognin/Surses (1962 bis heute)
Familie Tobias Kuoni (1962 bis 2011)
Jean D. Arnet (1962 bis 1979)
Hermann/Reto Kirschke (1962 bis 1992)
Familie Sebastian Stuppan (1962 bis 1995)
Leo Jeker (1979 bis 2011)
Renzo Cavegn (1992 bis heute)
Jörg Pool (1995 bis 2011)
Gruppe Schröcksnadel/Schmidl (2011 bis heute)

Kontrollstelle

Jean D. Arnet (1962 bis 1985)
Curia Treuhand AG (1985 bis 2018)
Balmer-Etienne AG, Zürich (2018 bis heute)

Bildnachweis

Seite

Olivia Aebli-Item/Archiv Somedia 148
Arno Balzarini/Archiv Somedia 81
Yanik Bürkli/Archiv Somedia 11
Tamara Defilla/Archiv Somedia 101
Theo Gstöhl/Archiv Somedia 118
Livia Mauerhofer 6
Jakob Menolfi/Archiv Somedia 132
Andy Mettler 136, 137
Jano Felice Pajarola 42, 123, 127, 129, 176
Nicola Pitaro/Archiv Somedia 144
Nicole Ruffner Fotografie 159
Sammlung Albert Schocher 12, 15
Savognin Bergbahnen 46, 58, 61, 62, 79

Alle weiteren Fotos: Privatarchiv Leo Jeker

Umschlagbild: Livia Mauerhofer

Bei Leos Referaten oft mit dabei: das Brot – denn eben, «Schnee ist unser Brot», 2024.